U0539182

近代中日關係研究 第三輯7

石射豬太郎回憶錄

石射豬太郎 著
陳鵬仁 編譯

蘭臺出版社

目次

譯者的話

石射豬太郎的回憶錄「外交官的一生」，是我多年來想翻譯和出版的一本好書。我最早翻譯它，是六年半前，以後陸陸續續介紹，分別發表於「中華日報」、「台灣時報」、「中華學報」、「世界華學季刊」和「近代中國」。他的外交官生涯，前後達三十一年，在中國、美國、英國、墨西哥、泰國、荷蘭、巴西和緬甸工作過，但在中國的時間最長、最重要。我所譯的就是與中國有關的部份。

石射於一八八七年，出生於福島縣，一九〇八年畢業於上海東亞同文書院。可能因為在中國大陸受教育，其文筆非常流利。他寫的文章，無論其內容和文字，在所有此類日文書中，是最出色，最有良心的一本。尤其是「我對於收拾中日事變的意見」，是近衞發表今後「不以國民政府為對手」的聲明後，以現任外務省東亞局長的身份，說這個事變唯有以國民政府和蔣先生為對手才能收拾，實在是很不容易。這篇意見書，一直到戰後才公開。

此書，我另外加上兩篇附錄。一篇與石射的文章有關，一篇與中日戰爭有關聯。最後，我要由衷感謝水牛出版社負責人彭誠晃先生幫我出版此書，並以此書紀念抗戰五十周年。

陳鵬仁

中華民國七十六年二月廿六日

敬獻

馬樹禮先生伉儷

吉林總領事時代

九一八事變的前奏曲——中村上尉事件

依我解釋，滿洲的不安，是以炸死張作霖，由日本所導致的。張作霖晚年後愈老獪，不聽日本人的話，但他的生命線實在依靠日本。當然他很清楚這個事實。因欲插足中原的野心而進出京津，如一敗塗地，祇要逃回日本所賴以爲其生命線的滿洲，不必請求，日本便會保障其最低限度的不可侵的地位。反此，對日本來講，其在東北的特殊權益，有了張作霖纔得維持，甚至於對他可以做些過份的要求。是以東北的特殊地區性，唯有由日本和他互相幫助纔能相輔相成。換句話說，日本的生命線和張作霖的生命線，在大體上是一致的。可是，日本軍部竟把張作霖這個偶像炸掉了。東北的災禍，乃由此而開始。

所以，張作霖的兒子張學良，把日本當作他不共戴天的仇人是應該的。此時，國民政府的勢力延伸到東北來了。於是，張學良遂把乃父時代依靠日本更改爲依靠國民政府。國民黨遂在東北各地設立支部，揷青天白日國旗，排日氣氛，由之日益濃厚。他們大叫消滅東北特殊權益，收回旅順和大連。東北中央化的攻勢，很快地展開。張學良很大膽地加強滿鐵包圍線，爲與大連爭長短而着手築港胡蘆島。由於此種攻勢，日本的權益和東北之特殊地區的性質，遂日趨淡薄。東北境內的問題，一向以張氏政權爲對手交涉的日本方針，幾乎不可能維持了。凡此，都是從炸死張作霖來的。

爲了挽回這種衰勢，幣原外交自不便採取開刀的手段，但有沒有其他外交的妙策呢？鄉下領事的我，當然很憂慮東北的局面。這時，繼萬寶山事件而起的，就是中村上尉事件。

這是奉密令爲實地調查興安嶺而到內地的中村震太郎上尉，在洮南附近，爲駐屯該地的奉天軍官兵所鎗殺的事件。關東軍以這爲重大事件，而要求奉天總領事進行外交交涉，並表示如果中國方面沒有誠意，將以實力解決的強硬態度。林（久治郎）總領事遂與奉天省政府開始交涉，奉天省政府要求給他調查眞相的時間，而派員到肇事地去調查。但調查工作並不順利。軍方很快就斷定省政府沒有誠意，可是接著傳來情報說，爲了下一個企圖，軍方倒不希望解決這個事件，而所謂下一個企圖，就是九一八事變。

萬寶山事件和中村上尉事件，人們說它是九一八事變的前奏曲，而使它成爲前奏曲的是關東軍。

事變的爆發

我接到柳條湖事件的消息，是在一九三一年九月十九日拂曉。被喊起來到客廳去，領事舘警察佐久間巡佐立正報告說：「剛才，長春領事舘來電話聯絡說，昨天晚上十點鐘左右，張學良軍破壞奉天北方的滿鐵線，因此我軍出動，與張學良軍開始戰鬥。沿線的我軍皆已就戰鬥位置，在長春，我軍正在攻擊中國軍的營房。報告完畢！」

佐久間的肩膀因爲興奮而震抖着。

我很冷靜地聽取了他的報告。頓時我覺得，關東軍終於幹起來了，與此同時，我決心儘量阻止滿鐵沿線的騷擾波及吉林，以確保一千日僑的安全。

恰好張作相在其故鄉錦州服母喪不在。因此我遂與代理省長熙參謀長會面，說明情勢的嚴重性，並問吉林省政府的態度如何。熙參謀長已經知道滿鐵沿線的戰鬥。他說，吉林軍完全控制在他手裏，他絕不許吉林軍攻打日軍。吉林的治安和日僑的安全，他絕對負責。我相信他的話。

回到領事舘，僑會的幹部們以不安的表情在那裏等着，我告訴他們我和熙參謀長會面的經過，並慰諭他們靜觀待變等候指示。距長春有三個小時鐵路路程的吉林，一有騷擾，便會陷於孤立無援。僑胞的不安不是沒有道理的。

黃昏時刻，省政府軍事顧問大迫（通貞）少校（以後是林中校）來訪。他強調在長春方面被日軍打敗的散兵必會逃到吉林來殺害日本僑胞，所以要總領事的我及早拍電請派救援軍。我告訴他我相信熙參謀長的話，並拒絕說，目前沒有這種必要。

當天晚上，位於通到停車場的大馬路的一家日本人店，遭受手鎗攻擊。接到此項消息後，我派幾個警察前往現場調查，結果是大迫顧問所養的浪人所幹的勾當。這可能是要先令日本僑胞陷於恐怖之中，然後以便請求日軍出動的謀略。很早以前，大迫公館就有一、二個壯漢在那裏做食客。他們好像是軍人。

九月二十日，從昨天到今天早晨，由瀋陽和長春的領事舘來了許多有關情報的電報。關東軍已把司令部從旅順移到瀋陽，並展開了全面的軍事行動。長春方面的民間情報也傳到僑會，由之僑民開始動搖，僑會的幹部來說，乘吉長鐵路還通的時候，最低限度希望把婦女和小孩移到長春方面。我指示他們說，可以，這由你們的自由意志去決定，但業主和青年要在此地，各守其工作崗位。另外，我禁止領事舘舘員和警察移動其家族，這是為了表示領事舘並沒有動搖而所採取的措施。

但僑胞們還是不安，所以與僑會商量的結果，決定從當天晚上，把留下來的婦女和小孩收容在領事舘，以備不測的禍發生。惟日僑這種慌忙的動態，反而引起了吉林市民的不安。

我雖然相信熙參謀長的話，但我得確認萬一突發不測事件時，是否能期待日軍的急援。於是我派小森書記生，坐當天早晨的火車到長春。但晚上，小森書記生却空手而歸。小森報告說，他我當場接受了他倆的請求。我親自執筆，寫信給第二師團長，強調省政府確具誠意，請其能和平的進駐，並交伶俐的濱村書記生，乘專車由吉林車站出發。張秘書以省府代表身份與之同行。按照時間計算，他們應該會在前兩三站的樺皮廠車站附近與軍用列車碰面。寫給師團長的書信，我自己覺得很有情理，非常達意的文章。

施交涉員留下來跟我在一起，以等候消息。下午五點鐘左右，得悉日軍和平地抵達車站，於是我和施交涉員聯袂到車站。我制止許多正想跟師團長見面的僑民，而在站長室與師團長會面，然後介紹施交涉員，使其表示省府的意向。在站長室外面等得不耐煩的僑民，有人喊叫：「到這時候，總領事還想拍省政府的馬屁。」

多門（二郎）師團長因為我的書信，和施交涉員的陳情，而瞭解此地整個局勢。

進駐的兵力，畢竟是第二師團的主力，車站用地內，全是車輛和軍人。

經由僑會的安排，軍人分宿於僑胞家裏，師團司令部設於旅館名古屋館。翌晨，到處貼出了關東軍司令官佈告。內容是說，其軍事行動的目的在於「懲罰」張學良政權，和「拯救」東三省的民生於塗炭，日軍對市民不會有所侵犯；領事館和僑民，其行為要謹愼，對中國人不得有不正當行為。

第二師團以主力進軍，是為了消滅吉林軍，惟其所以和平地進軍，完全是省政府賢明的措施所導致；而此次我以能扮演勝海舟的角色（譯註一）而覺得非常光榮。可是，我的災禍，遂由此我當場接受了他倆的請求。我親自執筆，寫信給第二師團長，強調省政府確具誠意，請其能和平的進駐，並交伶俐的濱村書記生，乘專車由吉林車站出發。張秘書以省府代表身份與之同行。按照時間計算，他們應該會在前兩三站的樺皮廠車站附近與軍用列車碰面。寫給師團長的書信，我自己覺得很有情理，非常達意的文章。

施交涉員留下來跟我在一起，以等候消息。下午五點鐘左右，得悉日軍和平地抵達車站，於是我和施交涉員聯袂到車站。我制止許多正想跟師團長見面的僑民，而在站長室與師團長會面，然後介紹施交涉員，使其表示省府的意向。在站長室外面等得不耐煩的僑民，有人喊叫：「到這時候，總領事還想拍省政府的馬屁。」

多門（二郎）師團長因為我的書信，和施交涉員的陳情，而瞭解此地整個局勢。進駐的兵力，畢竟是第二師團的主力，車站用地內，全是車輛和軍人。

經由僑會的安排，軍人分宿於僑胞家裏，師團司令部設於旅館名古屋館。翌晨，到處貼出了關東軍司令官佈告。內容是說，其軍事行動的目的在於「懲罰」張學良政權，和「拯救」東三省的民生於塗炭，日軍對市民不會有所侵犯；領事館和僑民，其行為要謹愼，對中國人不得有不正當行為。

第二師團以主力進軍，是為了消滅吉林軍，惟其所以和平地進軍，完全是省政府賢明的措施所導致；而此次我以能扮演勝海舟的角色（譯註一）而覺得非常光榮。可是，我的災禍，遂由此而開其端。

槍口的獨立宣言

九月二十二日晚上，熙參謀長來看我。他說日軍要解除吉林軍的武裝。如果日軍直接這樣做，吉林軍中可能有會覺得這是一種恥辱而起來反抗，所以，要我懇請師團長，由省政府本身來執行。

我遂往訪師團長，轉告熙參謀長的意向，師團長說他希望與熙參謀長直接談，並指定會面時間爲翌日下午三時正。

翌日下午三時以前，熙參謀長帶了施交涉員和翻譯官先來看我。我把他們領到名古屋館，由師團副官陪我們到二樓的一個房間。師團長、師團參謀長、及幾個參謀在那裏等着。經我介紹雙方人員後，師團長說，這是軍事上的會談，請外交官離開位子。於是我和施交涉員遂到另外一個房間。

由於會談時間超過我所預定的時間很久，因此我去看了看情況，結果是會談房間的門關得緊緊地，走廊有幾個軍官，手上各拿著手鎗站着。我邊覺得其氣氛之奇怪，而回到原來的房間。爾後，好像談好話了，熙參謀長和翻譯官下樓來，匆匆忙忙乘車回去。我以爲一切都談妥了，所以我也就回到領事館。

不久，張秘書帶來了情報。內容是，在今天的會談中，師團長要求熙參謀長卽時宣佈吉林的獨立。由於參謀們用手鎗威脅說「你要宣佈獨立還是要死」，所以熙參謀長才答應。但吉林軍的解除武裝，將由省政府本身來執行。會談中走廊的手鎗，爲我說明了其眞相。

這時，日本政府已經宣佈了不擴大事件的方針，我且接到該遵照這個方針處理事件的訓令。因此，我認爲我不應該默視日軍強制吉林省宣佈獨立。

當天晚上，我往訪了師團長於名古屋館。師團長在日式房間，穿着和服，與師團參謀長上野良丞上校喝酒。

我卽時開口說，策動吉林省獨立，是干涉中國的內政，將引起嚴重的國際問題。不管我們如何要花樣守密，我們強制人家的事實，不必經過多久，必爲世人所共知，而必將使日本政府在國際上陷於不利的地位；更必將成爲欲局限事件於滿鐵沿線，儘量早日解決局面的政府方針遭遇失敗的原因。由於職責上的關係，我不得不請您對此項獨立工作加以重新考慮。

多門師團長靜聽我的話以後，我的說明他可以瞭解，但他沒有重新考慮的餘地，因爲一切都根據關東軍司令部的命令，重新考慮祇有對軍司令部要求。他要我默認這是他們軍人幹的，跟我毫無關係好不好？我說我的職責不許我這樣做；我們的會談，終於決裂。

詳說局勢的我的電報，當天晚上就到了外務省和奉天總領事館。

多門師團長是會令人想起卓別林的電影「扛槍」裏頭矮德國軍官般的矮人。自此以後經過許多次會談他給我的印象是，擧止柔軟，富於智略的老練將軍。這位將軍曾以一個排長參加俄日戰爭所寫的「出入於彈雨之中」，是我所愛讀的一本書。由於軍隊所重視的是實際作戰經歷，所以據說他的部下營長們都很推崇他。此後，多門師團長與馬占山軍在嫩江作戰。

九月二十八日，吉林省政府以熙洽爲省長，宣佈由國民政府獨立。這是槍口的獨立，也是東三省獨立的先驅。

第二師團的軍紀

佔領吉林後的第二師團，留下留守部隊，到其他戰場作戰，然後又回來，而其軍紀則非常嚴正。根據長谷部（照倍）旅團長的說法，他們的部隊，祇發生過一件強姦事件，這個士兵雖被附諸軍法會議，結果因爲被害者中國婦女的巧妙口供，而沒有受到處分。第二師團士兵是我故鄉出身的。多門師團長開口閉口讚揚第二師團士兵的純樸素質，而且他們是不懂得社會黑暗面的現役士兵，因此格外忠於軍紀，所以我爲我故鄉士兵而驕傲。（石射出身福島縣——譯者）

爲了應官兵生理上的需要，雖然帶來了許多朝鮮婦女，但「生意」並不怎麼好。這是由於日本東北的農戶貧窮，他們得把自己薪水寄給家人所致。此外，軍官之中，有在日本料亭拔起刀來亂要的。

我故鄉出身的軍官，常來看我。聽他們的話，得知他們的心願大多在於養老金和勳章；什麼過多少年養老金就會變多少，在此次事變如得金鵄勳章功幾級，養老金便會增加多少等等。這是沒有多大財產的軍官們的「如意算盤」。

不過，階級更高的軍人們的心願似乎也在此。這些人如何地憧憬於論功行賞，可以事變發生後幾個月賞勳局總裁下條康麿訪問吉林時候的情況爲證。那時，師團長、參謀長以下幹部總動員出來舉辦所謂聚餐，大盡款待的能事。我也曾應師團長之邀，列席了此項宴會。我以爲事變中視察東北而到處受過軍方大事款待的人，回國後會圍攻下條，但這時還是軍刀影響不了論功行賞的時代。

軍的反感和僑民的叛離

軍部自始就敵視外務省的駐外機關。我們都被認爲是幣原軟弱外交的黨羽，祇有那些表示不是該黨羽的館長纔得揚名。但我不善於口是心非，一直堅持政府的不擴大方針。由於我對策動吉林省獨立工作提出肺腑之言，我遂爲軍部所討厭；對我奉外務省訓令，誠實地報告了軍部的行動說是我打小報告；把領事館當然的職務沒有與軍部商量所做的事當做對軍部的不合作。

第二師團的主力上北方戰線以後，暫時留守吉林的福原旅團長是個體格魁偉的將軍，這個人對我一天到晚採取「我不會放鬆你」的態度。外邊甚至於傳說，日軍將對我領事館砲轟。

軍部對我反應的根源是前述的大迫公館。省政府軍事顧問大迫少校，現在又是關東軍的特務機關長，集對獨立後的吉林省政府的內面領導權於一身，其權力眞不可一世。僑民皆往有權勢者的地方奔跑。唯獨總領事的我不「拜訪」大迫公館。因此據說，大迫公館對我的反感幾到極點。

有一天晚上，張燕卿秘書悄悄地來看我，徵求我對所謂獨立後吉林省政府在國際法上之性質的意見。我們大約談了一個小時，惟此事爲大迫所得悉，張秘書由之被大迫大訓一頓。大迫對張秘書說：「出入於總領事館的人是我們的敵人」。張秘書秘密地報告我這個經過。省政府把我當做它的人；軍部則把我當做它的敵人。

與第二師團進駐吉林的同時，僑民便叛離我。事變前的總領事，以僑民生命財產的保護者，而爲僑社的中心；如今，吉林省官民既屈服於軍部的威力，總領事的存在對僑民不但不需要，而且靠攏軍部，非難總領事對他們是有利的。眼看迎合強者的民心趨向的我，雖然覺得他們下流，但我並沒生氣。

「松江日報」社長，同時又是僑會會長的三橋政明，事變前是最常來看我的人，可是自軍部進駐吉林，經由大迫推薦出任省府顧問以後，幾乎絕跡於總領事館。滿鐵公所的濱田所長也是一樣。不過濱田來訪一次，規勸我歸順大迫。我對他說明：凡是軍部進駐的地方，外務機關皆立於苦境，乃是日本的慣例，不足爲奇，並謝絕他的「好意」。

我在吉林任期內，從沒跟大迫商量過任何事，而仍然以交涉員爲對手，與省政府保持聯絡。交涉員施履本，於吉林省獨立後沒多久，因將獨立內幕報告中央政府，而被軍部趕走；其後任是，自天津以後從沒露過面的謝介石。他的身份不是外交部特派員，而是吉林省交涉員。我所認識的這個人，是最能順時世的人，可以說是現代的沈惟敬。

軍部進駐吉林以後，我天天過着悶悶不樂的日子。加以總領事夫人得送迎軍部，應付慰問等形式上的活動，我覺得這樣內人太可憐，因此於事變頭一年年底，便把家族送回東京。我認爲，由我一個人在吉林受罪就夠了。

但比我覺得更難受的，當是在滿外務機關的總負責人林（久治郎）奉天總領事。必須遵照政府方針，以制止關東軍最上層胡來的職責上的苦衷，每每由其轉來的電文可以窺之而有餘。關於這些，相信他會把它寫下來，所以在這裏我不想多費筆墨。（譯註二）

我的事變觀

發生九一八事變的思想背景，柳條湖以後事變究竟如何演變，中國的激憤，在國際聯盟的非難，美國國務卿史汀生的不承認主義，記述這些不是我的目的。現在，我所要寫的是，我對九一八事變的看法。

當我接到柳條湖事變的消息時，我就懷疑它的眞實性。因爲張學良和他的軍隊，雖然抗日意識非常之強，但他們却十分清楚：碰滿鐵線意味着他們的死亡，更何況這是張學良在北京，不在東北而發生的事件。在還沒想到軍部的惡意之前，閃在我腦海裏的是，炸死張作霖事件已經證明過的軍部謀略性。當時我的直覺是：「軍部又胡搞了」。

不久，我出差瀋陽，因爲奉天總領事館館員的私下談話，得悉關東軍爲發動事變，曾經如何充分地準備，以及用於柳條湖事件的情況證據之何等荒唐，而確信我的直覺正確無誤。

從此以後，關東軍爲了突破政府局部解決的方針，以製造既成的事實，在軍略政略下無所不爲，且爲其行爲的根據者，都是虛構的理由。而集其虛構的大成者，就是所謂基於「三千萬民衆的民意」之滿洲國的獨立。實際上，除了生活於過去的幾個清朝遺臣外，沒有一個東三省的中國民衆眞正希望獨立的。根本就沒有這種輿論，其所謂的輿論，全是僞裝。

自古以來，盜國者多的是，這不必去翻史書。而盜國者，都要找些虛構的理由。今日的強國，多是不久以前，盜人家的整個國土或其一部份而成的。因此，沒有理由衹非難日本，但我却不能承認今日被稱爲強國的這些國家的此種發展過程。我的正義感不許我把自己國家當做例外。何況今日是國際協調的時代。我既不以幣原外交的使徒自居，也不尊敬國際聯盟，但我堅信，日本應該走國際協調的道路。尤其與鄰邦中國，必須棄去怨恨而緊緊地團結在一起，這是我的信念。因此，九一八事變是對我信念的當頭棒喝。

自衞戰，確保生命線，解決滿蒙問題，口號很動聽，但我心目中，九一八事變是關東軍的兵變。不管政府怎麼說，軍部的中央如何制止，他們要征服東北，建立以他們的自由意志能夠運作的國家機構。阻擋他們這種計劃者，就是他們的祖國，他們也要不客氣。這不是兵變是什麼？

由於這種理由和感情，我詛咒九一八事變，我更不能做軍部的嘍囉。對於軍部消極的抵抗，這是九一八事變期間我一貫的態度。

關東軍對我的彈劾

九一八事變第一年年底，若槻（禮次郎）內閣因爲閣內的不統一而垮台，繼起的是犬養（毅）內閣。爲了會見將出任外相而從法國回來，順便落脚瀋陽的芳澤（謙吉）大使，我出差到瀋陽。這是一九三二年一月間的事情。這時，奉天總領事館告訴我，關東軍曾向外務省彈劾我。詳而言之，最近，關東軍召開參謀會議，決議「我們認爲石射吉林總領事沒有與軍方合作的意思，故要求卽時調回本國」，並電達外務省。

這時林總領事已經離開了奉天，我也非常厭煩關東軍，很想早日告別東北，因此，對於關東軍的彈劾我雖然感覺不愉快，但却也認爲是正當其時。本來我想順這個機會，卽時向外務省請調，惟覺得如果這樣做，在形式上會變成軍部的彈劾獲得勝利，造成壞例子，而作罷。回到吉林後，外務省早有來電訓令我，要我儘量與軍部合作，實在可笑。

我很忍耐。我記得迨至五月底，我纔向外務省請調。請調電文中，我說：「本官與關東軍不能兩立」，並推薦奉天總領事館的森岡領事繼任我。

溥儀的面目

發生柳條湖事件後不久，吉林省被迫獨立，繼而又有兩個省走上同樣的道路。一九三二年年初，軍事行動已告一個段落，東北完全歸於關東軍之手。在瀋陽，他們曾經討論過要怎樣「料理」東三省，棻單是共和制好呢還是帝制好等問題，結果決定採取帝制，拖出宣統廢帝做其頭目。這是愚蠢的騙局。既然要竊國，乾脆把東北當做屬地不是更徹底。還搞什麼帝制？

天津總領事卽告訴我們，宣統廢帝極機密地被帶出天津的消息。他到達東北以後，到處藏匿，但沒多久，溥儀的存在便變成公開的秘密。據傳，瀋陽的一個外國記者諷刺說，溥儀的就職最好是四月一日的愚人節，但實際就任的是三月九日。不過他不是馬上就的帝位，而是先以滿洲國執政的名義，見習了一段時間。

溥儀就任執政的典禮，舉行於鹽務權運局。我也列席了。這是由於外務省的命令。所謂日滿主要軍官民的列席，會場很小，非常簡單，是專科學校畢業典禮程度的儀式。

儀式完了之後，在另一室舉行酒會。在那裏高擧好像是香檳的酒杯，領頭喊溥儀執政萬歲的是，被板垣（征四郎）參謀懷柔，從黑龍江拉出來出任軍政部長的馬占山。他留有泥鰍鬍子，是個臉色暗淡的鄉下佬。

在執政政府，從吉林，熙洽出來做財政部總長，謝介石是外交部總長，張燕卿爲實業部總長。長春改名爲新京。

在就職典禮會場和酒會，我第一次見到高個子蒼臉的溥儀。自來，我對面相和骨相特別有興趣，而以訓練自己觀相眼識自樂。可是，映在我心目中的溥儀，其面相竟是這樣的不幸。不愧其做過中國的皇帝，他確有些高貴的氣質，但他臉上的凶相，却使我非常的驚奇。它是自幼年時代就被趕走帝位以後，爲坎坷的命運所一直玩弄的過去陰影，和被拉來不知將會怎樣的滿洲國的不安所交織而成的不幸相貌。

總之，他給我的印象是，在這個人的相貌之下，滿洲國不可能有好的結局，而回到吉林，我對藤村（俊彥）領事談我這種感想時，藤村竟說：「說滿洲國，什麼國，在中國硬要樹牆，但對四億民衆實在不可能樹牆。滿洲國不過是一時的現象而已」。

藤村是事變途中，我要求外務省，由奉天總領事館過來的。他在中國各地工作三十年，曉通中國人情的表裏，是具有某種哲學的達人。

執政就職典禮後不久，馬占山回到他的老家黑龍江省，豎起反日的旗幟，而變成民族的英雄。他雖然接受板垣參謀的勸誘而參加了滿洲國，惟來了之後，被塞於關東軍所定的框子裡，覺得非常不自由，而再次回到其自由的天地。關東軍像抓兎子一樣，到處追他，但始終沒有抓到。

我對建設滿洲國的協力，衹有列席了執政就職典禮這件事。

李頓調查團

負著有如老鼠要去給凶貓帶鈴鐺的使命，由國際聯盟派出來的李頓調查團，突破一路上關東軍和滿洲國當局的種種藉口，北上奉天和長春，於五月七日上午抵達吉林。我到吉林車站去接他們，並把他們領到總領事官邸。這天的第一個節目是，聽取我關於事變前後吉林情勢的報告。這一行人剛到總領事館，日方隨員吉田（伊三郎）大使便耳語我說：「不可以說槍口獨立的事」。

在官邸的大廳，我和這一行人開始會談，他們帶的有翻譯，惟因馬哥伊將軍的建議，我們沒有用翻譯會談。

對於這一行人的應答，我遵照事先由外務省來的訓令，用說出來沒關係的事實部份，作了能夠自圓其說的回答。關於槍口獨立事，他們並沒有提。

以李頓爵士為正位，在一行人環視下的我，猶如一個被告。我雖自問於心無愧，但不能說出我所知道的全部事實使我非常難過。主要問者是李頓爵士和馬哥伊將軍。高個兒的李頓爵士是，貴族氣氛十足的人；馬哥伊將軍謹嚴的臉，擁有無可瞞騙的洞察眼光。德國、法國和義大利的三個委員，祇是些配角。

我以為這個會談將是全盤的盤問，結果是一個多小時的普普通通的問答。中國方面隨員顧維鈞，似身置四面楚歌之中，因此我遂跟他打交道，談了幾句話，表示我並沒有他意。

我跟要去會見熙洽省長的一行人，一起在官邸門前照了紀念相。

跟熙洽的會見，他們獲得了什麼事實我不得而知，但沒多久就明白，他們至少窺悉了槍口獨立的眞相。究竟駝鳥的尾巴是藏不了的。

這一天，省政府爲這一行人舉行了盛大的午餐會。在席上，我和李頓爵士談得很融洽。

當我們談到高爾夫時，李頓爵士這樣問我：

「在倫敦的時候，到什麼地方去打？」

「主要的到佛拉克威爾希斯，也去過聶普華士」。

「哦！聶普華士，那裏我有土地。我是那個高爾夫球俱樂部的創辦人之一」。

這是我和李頓爵士值得回憶的會話。

吉林市民對我的感謝

一九三二年七月，我接到調部的命令，後任是奉天總領事館的森岡領事，這是既定的人事。熙洽爲我舉辦了歡送會，並贈送我吉林土產的貴重物品，以表示惜別之情。動身前一兩天，行李大多整理完畢時，幾個吉林市民的代表來看我，他們說，這三年來，我對吉林市民曾經有過很大的貢獻。尤其是日軍進駐之際，吉林之所以免於砲火，完全是我的功勞，由省政府聽來這此經過之後，全吉林市民都非常感激，並手比脚畫地說明我如何地說服多門師團長因而從砲火中救了吉林；爲了表示市民的謝意，他們向我呈獻一包像小桌的紀念品，並說這是「乾隆御物」。我深謝市民的厚意，接下紀念品，祝福吉林將來的繁榮與和平。

吉林市民的厚意固然可嘉，但整理好行李後送來這樣的紀念品，的確很傷腦筋。因此，我隨便把它包在棉被裡寄回東京。

回到東京以後，把它打開一看，竟是非常精緻的彫漆小桌。這是我在任吉林唯一的愉快回憶，所以很愛惜它，惟因戰火而成灰。

別離地球的黑點滿洲

森岡總領事到任後，我於七月某日早上，在許多人歡送聲中離開了吉林。草野書記生陪我到長春。

多情善感的我，對於稍微住慣的地方，我都會覺得依依不捨；可是對吉林，我却沒有這種感覺。

在長春一宿後，一瞥事變後的哈爾濱，落脚瀋陽，然後南下大連。

在大連，我獻花於親密朋友富田（己十）的靈前。他得病於長春，在大連療養中，於今年五月間與世長辭。這是幽明相隔的重逢。

溜達大連街道上，我看見了兩三家電影館。其售票口的佈告這樣寫著：「小孩、軍人先生半價」。以前軍人不稱先生，而今日竟升遷為「先生」。

富田的遺族，送我搭乘往神戶開的船。我回顧將沉於水平線的大陸而這樣想着：「如果從太陽來看，地球的黑點將是滿洲國」。

調往上海

一回到東京，我便被任命為村井倉松的後任，上海總領事。因為五・一五事件，犬養（毅）首相被殺，當時是齊藤（實）內閣。外相是從滿鐵總裁轉過來的內田康哉，其他的重要人事為有田（八郎）次官、谷（正之）亞細亞局長，和白鳥（敏夫）情報部長。自中日事變以來，與軍部合作，拼命反擊歐美的白鳥，宛如一條兇狼。

被拖進九一八事變，因三月事件和十月事件（譯註三）膽怯，五・一五事件而膽破的國民和政黨，在軍部壓力之下，已逐漸失去其自由意志。意圖改造國家之右翼的一人殺一人主義（一個人殺一個政要的意思—譯者）的風聞，傳於一時。

內田外相一上任，就在七月間的國會演說，發表要承認滿洲國的意圖，國會更以全体一致的決議，支持他的立場。中日關係，由之更加惡化。為着應付這種困難局面，政府任命前駐巴西大使有吉明為駐華公使。有吉公使早我一步，赴任上海。

上海是值得我懷念的我母校所在地。但此次赴任，我的感觸完全不同，九一八事變影響到上海，而發生所謂一・二八事變，中日兩軍，在上海一帶展開了你死我活的戰鬥。後來因爲英國、美國、法國和義大利的調停，成立停戰協定而結束，但中國人的怨恨仍然如故。要緩和中日間的摩擦，當然不是件容易的事。我總覺得，一種天大的災禍等着我。不過說來也奇怪，我竟幸免了上海的一場災禍。

今年四月，一・二八事變後，日本官兵共同舉辦天長節（日皇誕辰紀念日—譯者），金九等朝鮮獨立黨黨員（尹奉吉）混進會場，投擲炸彈，壇上的白川義則、野村吉三郎陸、海軍上將受傷（白川一個月以後死亡—譯者）。重光葵公使斷掉一條腿，幾乎喪命，村井總領事一個脚，被炸成一大塊脾肉。如果按照三年前的人事，我去做上海總領事的話，被炸掉脾肉的應該是我。惟村井替我去，我才倖免於難。

迨至九月，我隻身赴任上海，與將調往澳洲的村井總領事辦理移交。

（譯註一）勝海舟，原名安芳，德川幕臣，任陸軍總裁時，奉將軍德川慶喜之命，爲避免國內戰爭而奔波，與西鄉隆盛會見，成立協議，不流血開江戶城，救江戶於戰火。

（譯註二）林久治郎的遺稿，於一九七八年四月，由東京原書房，以「滿洲事變與奉天總領事」書名出版。

（譯註三）世界經濟恐慌，社會動盪不安，鎮壓共產黨事件，赤化事件屢次發生的一九三〇年秋天，陸軍的少壯軍人成立櫻會，翌年三月，與民間右翼大川周明、龜井貫一郎等合作，計劃以宇垣一成陸相爲首相發動政變，惟因宇垣的命令而停止的事件，是爲三月事件。

九一八事變是櫻會改造國家計劃的一環。一九三二年十月，在三月事件失敗的橋本欣五郎中校、長勇少校等，與大川、西田稅合作，策動陸海軍的數十名青年軍官，擬以荒木貞夫中將爲首相成立軍事政權，惟事前被發覺，同時被檢擧的事件叫做十月事件。

（原載一九八二年七月號「中華學報」）

上海總領事時代

求上海的和平

無需說，上海是極其複雜的國際都市。三十幾個國家的人住在這裏，二十多個國家的領事組成領事團，爲避免首都南京的不方便，有幾個國家的公使也居住此地。因爲國際禮貌上的關係，我上任後即對各國領事、總領事分別作拜訪，同時接受其答訪，這是我到任後的第一項工作。

日本僑民大約有三萬人，可以大別爲老僑民和商社的人。老僑民在虹口這一邊，大多共同生活；紡織九社以及其他大商社、銀行的支店稱爲商社的人，尤其紡織公司的一羣叫做「在華紡」，勢力很大。幾個名譽職的行政委員，作爲僑團的執行機關，掌管僑民共同的福利。

負責共同租界之治安和福利的是工部局，由九個市參事會員所組成。在慣例上，其分配是日本人和美國人各兩個，英國人五個，每年由納稅者選舉。法國租界係屬於專管居留地，另外辦理。

上海爲特別市，吳鐵城任市長，俞鴻鈞爲秘書長，他們在江灣路那邊新蓋了孔廟式的辦公廳，甍朝天，其四周，都市計劃剛剛開始。我的交涉對手是吳市長。

我到任於爆發上海事變五個月以後，因此租界附近還有破壞的痕跡。這個事變是日本僑民中好強份子冒不必要的險而引起的。雙方打了平手之後，雖然都覺得很不值得，但仍然在興奮的反感之中，所以中日關係的空氣非常不自然。

我認為不僅為中日，而且為各國神經錯綜的這個國際都市，斷斷不能再有戰爭。因此我下定決心和平要由上海作起，於是上任不久，我便在記者招待會上宣稱，我的抱負是一定要維護上海的和平。而拼命努力忠於這個抱負，可以說是我在上海工作的整個意義。

公使館與總領事

日本自承認國民政府以後，其公使則常駐上海。公使館設在串過白渡橋虹口那邊總領事館建築物裏頭。

公使館在有吉（明）新任公使之下，以堀內（干城）一等秘書、岡崎（勝男）、有野（學）、山田（芳太郎）、杉原（荒太）等，二等、三等秘書為主，同時還有情報部和商務官事務所，分別由須磨（彌吉郎）一等秘書、太田（一郎）三等秘書，以及橫竹商務參事和岩井商務官負責

總領事館以井口（貞夫）首席領事、寺崎（成英）、乙津（鋒次）兩個副領事為幹部。自發生上海事變以後，領事館警察擴大編制，由從內務省來的絞纈彌三擔任警察部長，下面設一、二課，警官、巡佐、警員一共五十多人。另外從司法省派來下川久市司法領事，以掌理領事裁判。

此外，公使館和總領事館還有十幾個書記生（主事）。因此，這可以說是史無前例的龐大的總領事館。當時，矢野（眞）參事在北平，日高（信六郎）、坂根（準三）、桑島（主計）、三

浦（義秋）和川越（茂）分任南京、青島、天津、漢口和廣東的總領事。

在上海的日本陸海軍

上海沒有日本陸軍，我覺得非常高興；但卻有海軍。第三艦隊的旗艦八雲，經常停泊在總領事館前面的黃埔江岸；而在江灣路快盡頭的地方，有特別陸戰隊的營房，兵力兩千。海軍雖然把上海和長江一帶當做它自己地盤，很神氣，但卻遠比陸軍保守得許多，也不搞花樣，所以我跟他們比較親近。但海軍也有海軍的毛病，那就是它不肯負因爲兵員的大意而對中國人和外國人所予損傷的責任，反此對於人家給它的損害，它就要追究到底。無需說，這是拘泥於「維持威信」而來的怯懦，這反而毀損了它的威信，更是爲中外人士所厭惡的原因。海軍雖然不搞謀略，以起風波，但卻很容易感情用事，輕擧妄動，所以對於上海的治安來說，他們還是不容等閒而視之的存在。

我到任當時，第三艦隊司令長官是左近司（政三）中將。爾後換得很快，今村（信次郎）、米內（光政）、百武（源吾）、及川（古志郎）諸提督繼之。陸戰隊司令官是宇野、荒木、杉坂（悌二郎）、近藤諸少將。我跟這些人的關係，都還算不錯。公使館的海軍武官，起初是北岡（春雄）上校；後來爲佐藤（脩）上校。

由於上海沒有陸軍，因此不構成治安上的直接威脅，但公使館的武官及其助理們，卻是麻煩的存在。武官開始是田代（皖一郎）少將，其後任爲磯谷（廉介）少將。武官以外還有幾個尉官校官，其中助理的影佐（禎昭）中校最不是東西。我跟這些陸軍的軍人，始終談不來。我在上海所看到的海軍是，沒有犯罪性的誠實人；但陸軍在此地也是擁有知能犯罪的惡漢。

有吉公使

上海事變後中日感情的對立，逐漸地有了改善。這是一方面因爲隨時間的經過，感情上的創傷日漸恢復，另方面由於中日雙方的有識之士，領悟了上海事變的愚蠢，並企求和平所致。中日官警之間且不必說，譬如以周作民、李銘、錢新之、虞洽卿、林康侯、徐新六、王曉籟等實業界的領袖爲首，連青幫的頭子張嘯林、杜月笙等，也都公然地恢復了與日方的來往。我個人在公私方面，認識了許許多多的中國人；我不僅跟上海的要人，而且跟日本公使館接觸的很多國民政府要人，成爲知己的朋友。

做爲一個總領事，我並沒有要爲世界和平而貢獻的高邁理想；我祇是一個爲霞關（日本外務省所在地）外交之傳統的國際協調政策的使徒，對於中日關係抱着烏托邦式的理想而已。這可以說來自我在同文書院學生時代所培養，中日兩國是唇齒輔車的觀念。我認爲，中日兩國如果能夠由衷瞭解，融合雙方的利害，以形成中日兄弟集團的話，東亞將是人人安居樂業的天地，而也惟有這樣，中日兩國纔能共存共榮。到理想之境地的路途雖然很遠，但不是不可能到達的。爲達到這個理想，當然中國也要努力，但該爲其楷模的，當是強國日本。無需說，這不是一個總領事所能爲力的，但至少在我職務範圍內，我要往這個理想邁進。由於此種想法，因此我一到任，便說要「把上海置於無風狀態」。

我來到上海以後所獲得的中國朋友，都是非常關心中日關係的人士，我覺得我得到了許多同志，而自尉我做了上海總領事。

總領事館內部很和諧，每個人都能各盡本分，發揮效率。乙津副領事的老練，予僑團行政以適切的指導；寺崎副領事的外交手腕，在與各國領事館和一般中國人的折衝中，顯示其非凡。因爲上海事變，直接受到日軍損害的許多第三國人，其所要求賠償總金額達八百萬元，可是，寺崎副領事卻以賠償費名義，僅僅以二十萬元就使對方滿意，由此可見其本領。

首席領事的井口，和日後由公使館轉來接替井口的杉原領事，都是我得力的助手，很能爲我看管內部。警察部和法庭的首腦，也很得其人，都能充分地發揮其威信和效能。所以，我便毫無後顧之憂，而能專心與中國官民、租界當局，和各國領事接觸。

公使館與領事館在同一個地方的時候，往往會發生傾軋現象，但有吉公使和公使館員諸君，從沒干涉過領事館事務；而我自己也很守本分，從未批評過公使館的外交工作，因此我們始終配合得很好。

起初，有吉氏是無任所大使兼駐華公使，迨至一九三五年五月，中日之間同意交換大使之後，便專任大使。他是現任外務省官員當中的耆宿，經歷份量都沒話說，在歷盡滄桑的風格之中，擁有外柔內剛不可奪的氣魄，而且很有眼光和判斷力；他對中國的現實深具瞭解和同情，並力矯日本政府之缺欠理解的對華政策，使中日關係逐漸走上軌道。這可以說是有吉大使的善意和眞摯打動了中國當局的結果。因此，我很敬畏和親炙有吉大使。

僑民團體

作爲僑民之自治團體，上海事變以後，帶來了新的庥煩事業。這是爲恢復僑民受事變砲火的損害，擬向日本政府借來十八萬七千五百公斤的銀塊，在倫敦拋售，變成現金，以貸給受害僑民作復興資金的事業，爲運營這個事業，僑團特設復興資金部，並由正金銀行請來櫻內篤爾出任資金部長，欲誇張受害內容俾能多借些錢的僑民，和不全盤接受其要求的僑團遂成爲僑民衆箭的目標。是以復興資金雖然逐漸達到其目的，但同時卻爲擾亂日人社會之和平的根源。

不特此，僑民之間有派系，有個人的嫉妒和排擠，而爲僑團行政上的障礙。因此，僑團負責人（行政委員長）的任務很艱鉅，惟當時的行政委員長安井源吾，雖然年輕，但很能幹。他是個律師，懂得僑民間的私弊，所以能應付自如。

在虹口那邊的老僑民之間，有名叫各路聯合會的街道會兼自衞團的組織，右派老人林雄吉爲其頭子，他且以僑民代表的身分，與工部局直接交涉，非常囂張，所以我一到任，就阻止他的放肆態度。

如前面所說，商社方面意味着紡織九社、銀行和大商社，它們的董事和分行（分公司）經理，大多是吸過歐美空氣的知識份子，具有自己的見識和經驗，而且，其業務上的利害，與上海的和平是一致的。他們跟中國人和歐美人，在業務上有直接的關係，他們的意見非常穩健，跟老僑民的右翼傾向不相容。

日文報紙有波多博的「上海日報」，深町作次的「上海每日新聞」，和宮地貫道的「上海日日新聞」；此外還有電通、聯合兩通信社，和朝日新聞、每日新聞等大報館的分社。對於僑民而言，總領事完全是個行政官吏。

越界道路問題

上海事變以兩軍撤退到中日停戰協定所規定地域以外而獲得不分勝負的解決，但對於這個地域的規定，在事變解決後是否仍然有效一點，中日間的解釋不同。事變後，中國當局常常移動軍隊於南京、杭州之間，對其軍用列車通過極司非而車站，以停戰協定之看守者自居的日本陸戰隊，認為這是屬於停戰協定所規定，禁止軍隊進入地區內的範圍，而主張中國違反了停戰協定；但中國方面卻以為，停戰協定在完成停戰時即已失效，有關上述地域的規定是一時的。日本外務省和海軍省採取停戰協定仍然有效的態度；反此，曾參與停戰協定之締結的英國、美國、法國和義大利，則與中國同其看法。

我到任後，研究結果覺得日方的解釋有問題，但又不便推翻政府的方針；而如果置之不理的話，陸戰隊很可能感情用事地妄動。於是我提出令中國當局委婉地承認這個停戰協定之仍然有效，與此同時，日方肯定中國軍隊之無害通過的折衷案，經過種種曲折，我使外務省和陸戰隊接受這個方案，並策動中國陸軍部次長陳儀。最後，外交部亞洲司司長沈覲鼎出面跟我交涉，在我倆之間交換了文書，由此中國方面確認停戰協定繼續有效，從而消除了中日間地方性的紛爭的一個原因。

另外一個使我傷透腦筋的是，越界道路問題。所謂越界道路，乃是共同租界工部局，爲了租界內外國人的騎馬和遊步，在租界外購買土地所建設的道路；而在這個路面和道路所建築的房屋和居民，在慣例上，仍行着租界行政。

此種越界道路，西面和虹口那邊也有幾條，並延伸到中國的行政區域內，犬牙錯綜，因此市政府和租界，常常爲行政轄區問題鬧個不停。亦即所謂越界道路問題是，可以交給中國方面的越界道路，就交給中國；租界行政上適宜交給租界的區域，就交給租界，以便整理雙方行政區域的問題。

日本總領事爲什麼要扮演這個問題的主角，我已經記不清楚了，但我既然由前任接下來，而外務省又很重視它，所以我自不得不努力。

不過這個問題，在我任內並未獲得解決，而且我也沒興趣去回憶它，故不贅。

藏本書記生失踪事件

一九三四年六月，在南京所發生的藏本（英明）書記生（相當於我國的主事）失蹤事件，也予上海以很大的衝擊。有吉公使攜着交涉案件前往南京，與汪（精衛）外交部長完成會談，回到上海的六月八日晚上，南京總領事館的藏本書記生失蹤了。在這以前，公使館情報部長須磨書記官，轉任南京總領事，河相達夫繼任公使館情報部長。

藏本以前在長春服務時，因爲萬寶山事件，而跟在吉林時代的我認識。他年紀比較大，忠厚，稍會講中國話，惟因不夠明敏而升得很慢，所以常爲後進趕上，一直未能升任副領事，殊令人同情。而我正在考慮要把他帶到上海來，相機給他副領事的地位時，竟發生了他的失蹤事件。

南京總領事館雖然全力去搜查，但始終沒找到線索。在這期間，分成自殺說和被排日份子殺死的他殺說；須磨總領事斷定他殺，而緊迫外交部，追究「其責任」，因之事件愈鬧愈大。大概是必要時要使用武力，因此第三艦隊的旗艦八雲出動南京，上海的陸軍武官室也曾派遣助理武官。日文報紙之大寫特寫，使日本僑民氣勢萬丈，須磨總領事強硬追迫外交部。隨中國當局的因應情形，它很可能發展爲重大事件。

可是於六月十三日下午，藏本卻爲中國警察（憲兵）所發現。藏本欲自殺前往明孝陵後面紫金山，潛入洞穴，惟自殺不了，因爲肚子餓，爲求得東西吃而下山時，被南京的憲兵抓到了。他即時被帶到外交部，在那裏自供一切。中國報紙曾報導他的一部分自供說：

「……我雖然在外務省工作多年，但在同輩和後進的晉升聲中，獨我不能做副領事，由之受到侮辱，悲觀至極，而決心自殺。因爲我的事而痲煩大家，非常抱歉，但這完全是個人的問題，與中日兩國的事毫無關係；他說到此處，眼淚奪眶而出……。」

自供後，藏本書記生遂被交給南京總領事館。揮起拳頭而無用武之地的須磨總領事，立刻趕往外交部，深致歉意自不在話下。

根據報紙的報導，藏本在外交部的自供中，就紫金山的夜景說，勁風使整個山的樹林鳴動，似狼的野獸叫聲，斷斷續續，恐怖非常。因此我在當日的日記中這樣寫着：「紫金山鳴動，藏本生還。」

這是對華強硬外交所漏的馬脚。不知道是誰出的主意，抬出上海頓宮醫院的小兒科博士，鑑定藏本的精神，說藏本是精神失常，企圖以維面目，實在可笑。

藏本因爲這個事件，遂被革職。須磨總領事似提出辭職，但被挽留。外務省遠比汪外交部長寬大多了。

「新生」不敬事件

我在上海任內中，所遭遇到的最不愉快事件是，一九三五年六月的「新生」不敬事件。

在上海發行的中國週刊「新生」刊登了「閒話皇帝」的隨筆。作者使用易水這個筆名，其大意如左：

「日本和英國的皇帝，因爲是古董，所以應該送到博物館。現在的皇帝與往昔者不同，有名無實。日本的天皇，由於世襲而爲天皇，除接見外賓、閱兵等儀式需要外，人民並不覺得有天皇。日本的眞正統治者是軍部和資產階級。喜歡生物學的日本天皇，如能一意研鑽，其成果將比現在更有意義。義大利皇帝爲墨索里尼所遮蔽，英國皇帝閉居皇宮，時或打打獵而已。英國人把皇帝祇當做一種高貴的裝飾品。」

「新生」是被認爲左翼文人之杜重遠所主持頁數不多的小刊物，日人社會並不知道它的存在，公使館情報部更不曉得有這篇東西，惟因天津總領事館的告知，才知悉有這回事，上海的日文報紙遂把它當做不敬事件，連日報導，日僑因之激動。於是大使館和我，便不得不分別向國民政府和上海市政府交涉這個問題。我們對於中國當局提出負責官員的謝罪、嚴重處分發行人和執筆者等要求，交涉十幾日，中國方面在大體上準備接受日方的要求時，陸軍武官磯谷少將竟帶來了另外一個難題。

有吉公使、堀內書記官和我聯席聽了磯谷少將的話，他說解決條件太寬大。他主張提出解散國民黨的要求，尤其是應該加重中國當局的謝罪方式。有吉公使明告他說：「既然由我來交涉，我自以大使的責任來解決問題。我認爲沒有再加重條件的必要。」「大使既是這樣想，那就沒辦法。」磯谷武官很不高興地走了。

跟中國的問題，沒多久便獲得解決。鑒於過去的例子，我覺得爲不敬事件和侮辱國旗事件吵鬧，既反效果而又最沒意思。如果請示聖旨，我相信絕不會贊成理睬此種事情，但政治家和右翼卻偏偏要利用這種事件，大衆傳播更要迎合和擴大，這簡直是恥上加恥的無恥行爲。

「新生」的文章，雖然也批評英國的皇帝，但英國人社會卻不聲不響。我想參考英方對這個問題的因應，所以問題一發生，我便前往請教布勒南英國總領事，可是他卻泰然地答說：「關於英國皇帝的地位，我們英國人最清楚。外國人怎樣批評都無關宏旨。對於英國人來講，「新生」的文章，實在毫無痛癢。」英國人的度量和見識，眞是了不得。的確，皇帝的地位，祇要其國民有充分的認識就行，不必強他國人去認識。因而我一方面覺得日本居留民之幼稚，同時以自己的做法爲恥。

「新生」事件解決的前後，有吉大使和我不斷地接到怪文書。其內容大同小異，都是匿名，以血斑寫着；滿足那種解決條件的有吉和我是不忠之臣，因此應該即時自盡，以謝天下等等的書信。有吉大使和我，雖然都不覺得危險，但領事館警察卻堅決主張要徹查。當時的警察部長上田誠一領事督勵署員搜查結果，抓到一個犯人，並由他窺悉了怪文書的眞相。這是常住上海的小浪人西村展藏叫他的幾個手下幹的，而且，我們更弄清楚了西村的後臺是陸軍武官助理影佐中校。

西村及其黨羽，馬上就予以逮捕，但警察卻不敢染指影佐中校。於是我遂往訪磯谷武官，堅請他處分影佐。但磯谷卻不肯，因此不歡而散。我猜想，磯谷少將自己在那裏導演這幕戲也說不定。所以我將此事詳細報告外務省，請其轉請陸軍省當做軍紀問題來處理，但似石沉大海，毫無消息。

幾年後，在中日事變期間，因爲職務上的關係，我跟影佐中校不得不再接觸。在上海時代我所認識的這個人，面對面時，態度慇懃，談吐輕妙，是個很老練的人物，但與此同時，也是很厲害的謀略家。如後面將敍說，第一次近衛內閣的宇垣（一成）外相之因爲興亞院問題而辭職，其幕後人就是當日陸軍省軍務課長的影佐上校。令汪精衞出走重慶，「還都」南京亦爲影佐的「傑作」，在今日已經是公開的秘密，而在謀略這一點，影佐遠比雞鳴狗盜之雄的土肥原將軍高明多了。

從其風采來看，磯谷武官像是大人物，但我卻認爲，他是個祇顧小節的小人物。他曾對我表示不滿說，上海的正金、三井、三菱等大銀行，連「天長節」（日皇生日）也照常營業很不好，應該休假以表示祝意才對。這是不知國際滙兌銀行之爲何物的，毫無道理的國粹論。

宋子文曾經前來總領事官邸的「天長節」酒會祝賀。由於他絕少在日方社交場合露面，因此報館的攝影工作人員便爲宋氏和我拍了照片。主人的我穿着大禮服，宋氏着中國的便裝。翌日，磯谷就破口大罵我不應該穿大禮服跟便裝的宋氏一起照像。百般挑剔雞毛蒜皮，算是他的工作。他後來回東京去當軍務局長，喜多（誠一）少將接替了他。

在太平洋模擬戰爭中慘敗的日本

掌管上海共同租界行政之定員九名的市參事會員，其分配爲英國五名、日本和美國各兩名，完全由日本、英國和美國三國人選出，這是幾年來的慣例。在大體上，這個定數的比率，反映着日本、英國和美國在上海的權益量。本來，日本人在市參事會是沒有席位的，惟因近幾年來日本紡織業和大商社相繼插足上海，日本權益隨之大增，所以英國自動地讓出兩個席位給日本。

市參事會的選擧，根據租界憲章，每年二月，由租界行政之監督機關的領事團指定日期以辦理；候選人九名時，則擧行投票。日方的候選人一直都是兩名，英國和美國，尤其是英國人常常有定數以上的候選人，自己人火拼。因此，英國的候選人，除非能夠獲得日本人的同情票，是當選不了的。換句話說，日本人對於英方候選人的當選，立於擧足輕重的地位，他們以這爲武器，一方面使他們的兩個候選人集日本、英國和美國人的選票以最高票當選，另方面對於英國和美國的候選人，則適當地分散日本人選票，隨心所欲地，使某特定的候選人名落孫山。而且，由於投票係採取連記制，所以更容易操縱。

選擧時，日本人要指定選擧總幹事和幾個幹事，設其事務所於日本人倶樂部。投票那一天，要動員一切有投票權的日本人；他們得先到選擧事務所去接受應該連記誰跟誰的指示，爾後去投票，作得有聲有色。

因此，日本的兩個候選人，經常贏得日本、英國和美國的選票，最高票當選；未能獲得日方同情的英國候選人落選。每年都是如此。

投票結果後，當天晚上，以候選人爲首，與選擧有關的人士便聚首日本人俱樂部樓上，邊吃中國料理邊等開票，然後爲所意料的結果乾杯；上述這個過程，已成爲「愉快的」例行公事，而總領事照例也要參加這個「盛會」。

總領事在這個選擧中扮演着很重要的角色，因爲對於候選人的人選和人數的決定，總領事的意見特別受到尊重。由於候選人以能說英語爲先決條件，所以其人選自然限於商社的範圍，沒有太大問題；而最使我傷腦筋的是候選人的人數問題。

在上海的日本人一再地對我請求：日本在上海的權益，已經達到應該擁有三個市參事會議席的階段，日、英、美的議席比率當爲三、四、二，英國如果不肯讓步，擧行投票，以決雌雄，日本人自信能夠贏得三個議席。但我一直以尙非時機，把它壓住。

雖然說是共同租界，但英國卻佔市參事會的絕對多數，任意操縱工部局，因而日本人對這很有反感。這無異是棲身虹口一邊，與英、美僑民毫無來往者之偏狹的國家主義的流露。日本僑民因其兩個候選人經常以最高票當選而神氣，並認爲就是提出三個候選人，祇要能運用得當，要令其全部「榜上有名」，應無問題。

反之，我以爲，要增加日方在市參事會的議席，最好求諸於與英方的妥協，不能訴諸於選擧；用選舉，日方不見得能爭到三個席位，所以我一直沒同意提名三個候選人，但僑民的主張卻非常堅決。

一九三六年二月的選舉前夕，各派聯合會的林雄吉及其一夥，對我再三要求今年非提出三個候選人不可。祇要英方願意讓一個席位給日方，問題就可解決，因此有一天，我便往訪布勒南英國總領事，坦白轉告日本僑民的要求，並請問他的意見。布勒南泰然答說：「在上海，英國的權益最爲優越。目前，日本、英國和美國之二、五、二的定數是合理的。站在我的立場，英方不能讓出席位。日方如果要提出三個候選人競選，那也沒辦法，不過我相信我們的五個候選人都能順利當選，而就是日方有三個人競選，爲維持二、五、二的比率，英國願意支持日方候選人，令兩個人能當選」。

我這樣想：日方縱令提名三個人，兩個人一定會當選，所以落選一個人也無所謂；此時，不如同意提三個人的名，使日本僑民領取失敗的教訓。於是我召集僑民和商社的主要人士，問問他們的意見。僑民當然主張提三個人，知道大勢的商社人士則不大積極，但認爲祇要能當選兩個人就可以，而贊成三人說，因此我也就予以同意。

那時日方所決定的三個候選人是，滿鐵分社的鄉敏、三井支店長卜部卓和律師岡本乙一。他們三個人本來都是不願意出馬的，結果還是請他們勉爲其難。

三人說的先鋒林雄吉擔任選舉事務所總幹事，他大言壯語說：祇要獲得對日本有好感的德國和義大利人的選票，三個人的當選絕沒有問題。

如此這般，日本人開始了他們的選舉。日方的三個候選人予英美兩國人以恐慌，一向對選舉毫不關心的「華北日報」（The North China Daily News），天天呼籲英美兩國人團結起來，以打破日本人的野心。在以往的選舉，步調不一致的英國人，這次不但新設選舉總幹事，以爲統制，而且限制候選者爲五個人，並與美國人採取聯合戰線，以對付日本人。由於這是日本二、英國五、美國二的比率是否要發生變化的一戰，所以很可能是共同租界史上競爭最激烈的一次選舉。

投票那天晚上，投完票之後，日方的有關人士，跟往年一樣，聚會日本俱樂部樓上，邊吃中國飯菜，等着開票。我也照常出席，坐在主賓的一桌。跟以前不同，大家的臉色有些緊張。

隨即工部局送來了開票的結果，並張貼在墻壁上面。日方的卜部落選，另外兩個人是最低票當選。英國的五個和美國兩個候選人的所得票數，都遠比日本候選人的得票多得許多。

在座的人都非常掃興。林雄吉忽然用刀子刺其手指，在手帕上血書「痛感責任」四個字交給我。瞬間大家都失色。鮮血的餘瀝，在手帕上潤成可怕的斑點。我把手帕遞還給他，因爲我討厭他那種裝模作樣的行爲。

這時，突然來了「神風」。亦即發表當選名單以後沒多久，工部局來電話更正各候選人的得票數字，因爲細查票箱結果，又發現了兩百多張選票。他們說，日本候選人的得票雖然因此而有所增加，但並不影響當選的內容，所以準備這樣了事。

不消說，在場者的精神來了。大家都異口同聲地主張此次選舉的無效，責備工部局職員的出醜。惟因時間已經很晚，所以吵吵嚷嚷地散會了。

翌日，我召集了主要的有關人士，以決定對策。開票既然有重大錯誤，此次選舉自屬無效，因此決議主張召開領事團會議，重新辦理選舉。但下次改選時，日方候選人將爲兩個人，我這些意見，他們都不敢有異議。

我立刻往訪領事團團長布勒南總領事，提出我的主張。他一口答應：「我同意您的意見。我們馬上召開領事團會議，以決議重新選舉。日方如果是兩個候選人，下次選舉可以不舉行投票。」隔天召開了領事團會議。首先由布勒南總領事說明投票票數的計算發生錯誤的經過，因而認爲此次選舉無效，並提議要宣佈重新選舉。會議一致通過。

數日後重新改選，照預定日本兩個、英國五個、美國兩個候選人，因此沒投票就決定了當選名單。

如此這般日本僑民保持了面子，但他們卻不特不自我反省，反而責備別人。他們追究因爲開票錯誤而挽回他們面子之工部局英國職員的責任以洩憤。

風波過去以後我想：因爲意外的神風日本僑民雖然得以保持了面子，但這不過是一種自慰。他們自招的不體面並不因此而消失，是即他們在上海各國人面前獻了不可外露的醜。不過我覺得，他們如果眞正能夠領取這個教訓，它自不失爲良藥。我認爲，此次事件的意義在此。

與此同時，我很佩服這次英國人所表現的團結精神。他們平常雖然各自爲是，但一面臨共同的利害受到侵犯，他們便會團結一致。英國人的偉大，而竟在上海目睹它，透過布勒南總領事和市參事會會員的選舉。

太平洋戰爭爆發以後，我把上海這次的選舉戰名之太平洋戰爭模擬戰，以爲日本無法戰勝的論據。

上海領事團

領事團是任何港口或都市，駐紮許多各國領事的地方都有的國際性團體。以二十幾個國家領事爲構成份子的上海領事團，相當龐大。領事團團長由到任最早者出任，起初是卡寧甘美國總領事，後來爲布勒南英國總領事。此外，還有一個小領事團。這是領事團的核心組織，由對中國擁有治外法權的各國領事所組成，握有指揮和監督上海共同租界行政的大權。日本、英國、美國、法國、義大利，以及其他三、四個所謂條約國的領事屬此。領事團設秘書處，美國人愛德恩·�擔任團長秘書，管掌一切事務。

領事團每月定期開會一次。開會中發言最有份量的是日本、英國、美國和法國，這反映了當時的國力。在人品方面，早期的團長卡寧甘美國總領事，無論年齡都是領事中的大前輩，印象良好而老練，爲大家所敬愛。麥利華法國總領事是法律專家，對任何問題，發言最多。他雖然法語口腔很重，但英語說得非常流利。我這個日本總領事，因爲奉行政府的政策，常常說些與我自己意思相反的話，爲會議增加不少困擾。德國、義大利、比利時、荷蘭、西班牙、瑞典、挪威、丹麥、瑞士等國的領事也都很幹練，惟因這些國家在上海並沒有太多的權益，所以在會議席上也就不那麼積極。

在這些同事當中，布勒南英國總領事是最卓越的一位。他謙虛而寡言，所言皆很值得傾聽。可能因爲多年來在中國工作的功勞，他得有爵士的頭銜，是教養很高，別具風格的典型的英國紳士。英日的利害關係，雖然常常不一致，但在領事團的同事裏頭，跟我最親密的還是他。經由布勒南，我發現了英國紳士。

吳鐵城市長

在上海，我的交涉對象是特別市市長吳鐵城。

於中國行政制度上，特別市與省具有同等的地位，加以其複雜的國際性，上海是最難治理的城市，吳鐵城之前，黃郛和張羣擔任過市長。上海市長應該具有行政手腕和外交手腕，而吳市長就是其典型。跟一些政客不一樣，他一點也不狡猾，是就是「是」，非就是「非」，他所說的都可以信賴。對於國際政局有眼光，尤其關心中日問題。

「現在，對於中國日本如果能就某些問題表示親切，中國會感激十倍，中日關係將一新其面目。此時此刻是最大關鍵」。

這是在南京調整中日國交會談中，吳市長語重心長地告訴我的話。吳市長的意見，代表了九一八事變以來，反抗日本攻勢之中國人的心情。我引述吳市長的話，對外務省建議現在正是把握中國人心弦之時，但外務省卻一點也沒反應。

除中日間的大局，要維護上海局面的平靜，是吳市長和我共同的目標。是即我倆之間，有着要「大題小做」諒解。因此事關上海，在中日間所發生的許多地方不祥事件，都是在這個前提之下獲得解決的。

在另一方面，吳市長很富幽默，他的詼諧恆使宴席沸騰，他既是服務周詳的主人，也是活潑的賓客。我曾經帶着種種條件，再三地增加他許多麻煩，但在私交上，我倆卻更是無所不談的好朋友。老實說，在我許多中國朋友當中，吳市長應該算是我最親密的一位。吳市長夫人馬氏亦很善於社交，對我內人非常照顧。

從上海看日本

在我上海任內的三年十個月，在日本國內，自由主義受到國家主義和國粹主義的抨擊，政黨與國會沒落。隨九一八事變、五・一五事件（譯註一）等而日趨壯大的軍人的壓力，小則由因一個兵違反交通規則的大阪紅燈事件，大則滲透到政治外交。在這期間，軍內部所醞釀派閥的相剋，與革新思想和下剋上錯綜而發生相澤事件（譯註二）和二・二六事件（譯註三），自行暴露軍方的醜態；軍部兇暴的威力，因爲這些事件而更加發揚，國民和大衆傳播媒介都成爲軍部的矢的。政府、國會和國民教育皆屈服於右翼和軍之合作的所謂國體明徵論（譯註四）面前。

對外，在齊藤（實）內閣之下日本脫離了國際聯盟，完全捨棄國際協調主義。從聯盟大會退席回國的松岡（洋右）代表，受到國民的熱烈歡迎。

繼任齊藤內閣倡說焦土外交之內田外相的廣田（弘毅）外相，在其就任後初次的國會演說，強調萬邦協和的外交方針，對於質詢他答說：「敝人在職期間，不會發生戰爭」，更致美國哈爾國務卿以和平書信，令人覺得日本似又採行國際協調主義，惟因天羽聲明（譯註五）協調主義遂告破產，進而廣田竟廢除了華盛頓裁軍條約。萬邦協和政策雲散霧消了。

「二・二六」事件後掌權的廣田內閣，組閣時受盡軍方的欺壓，被迫恢復軍部大臣的現役制，全面地向軍方投降。

從一九三三年年初，關東軍進攻熱河的張學良軍，確保了長城之線；五月，與中國軍代表簽訂塘沽停戰協定，以冀東地區爲非武裝地帶。以此爲起點，相繼成立梅津・何應欽協定，和土肥原・秦德純協定等現地協定；而這些協定都是關東軍和華北駐屯軍，擅自強迫中國簽訂，然後由日本政府承認既成事實的。華北的外交權，完全操在軍部手裏。

軍部的目的是要把華北特殊地帶化；而殷汝耕的冀東防共自治政府就是它的嘗試。

爲緩衝日軍特殊化華北的攻勢，國民政府在北平設立了冀察政務委員會。日本政府對於日軍在華北的行動，從未加掣肘，也無法限制。

那時，日本對華交涉的基本方針是所謂廣田三原則。其要點如左：

一、中國要徹底取締排日，對日本採取親善政策；

二、中國應默認滿洲國的獨立，華北與滿洲國之間在經濟文化上，當通融合作；

三、爲消除由外蒙而來的赤化勢力，中國應該協助日本所希望的各種設施。

中國並不歡迎這三個原則。有人批評它說，要人家承認它，無異是要求人家在沒寫清楚金額的支票上簽字。因爲它的內容，可以任意擴大解釋。

根據這三個原則，有吉大使時與汪精衞外交部長，時或跟蔣先生，不斷地進行交涉。其結果，中日間的對立，一件一件地獲得解決，因此除日軍在華北專恣的策動外，中日兩國的關係，逐漸走上了軌道。一九三五年五月，彼此公使館之升格爲大使館，六月，中國政府之所以發出邦交敦睦令，就是雙方努力於調整國交的結果。

我對蔣先生的看法

發生九一八事變後的幾年，是蔣、汪的合作時代。汪氏以行政院長兼外交部長身分，在「一面抵抗一面交涉」的標語之下，與有吉大使從事於調整國交的交涉；蔣氏則以軍事委員會委員長資格，專心於討伐共產黨以及其他軍務。

當時，最傷國民政府腦筋的國內問題是中共問題。從一九二七年北伐後國共分裂以還，中共便在各地猛然開始其蘇維埃運動，隨即建立中共中央政府於瑞金，與國民政府分庭抗禮。對它，國民政府軍曾經屢次予以掃蕩，迨至一九三三年十月，第五次圍剿時大奏功效。翌年十月，中共逃出瑞金，流竄兩萬五千公里，到達延安，在那裡另設紅色政權。

上述剿共軍事，對於國民政府是一大消耗戰，但我同時認為，它也增強了國民政府軍的實力，因而大大地提高了軍事委員會委員長蔣氏在黨和國內的地位。

一九三五年十一月，蔣先生在國民黨五全大會所作的對日外交演說，給我不可磨滅的印象。「苟國際演變，不斷絕我國家生存、民族復興之路，吾人應以整個的國家與民族之利害為主要對象，一切枝葉問題，當為最大之忍耐。……和平未到絕望時期，決不放棄和平……犧牲未到最後關頭，亦決不輕言犧牲。」

我認為這是蔣先生勸戒充滿國內之抗日論的。我把它叫做「最後關頭演說」。似乎在大使館武官磯谷要回國出任軍務局長將離開上海之前，蔣先生曾對前往辭行的磯谷說過：「我敢大言不慚，中日國交的調整，唯有在我任職中纔有實現的可能。如果我離去現在的地位，將永遠失去其機會。」

這是磯谷親身告訴我的。這些話，實祇有衷心顧念調整（改善）中日的國交，並自信其領導能力是眞正以改善中日國交爲念的同志。

我也聽過中國民間人民的意見。他們都一致認爲，蔣先生與其他政治家所不同的是：「他說到那兒辦到那兒。」在中國，這個評語意味着最高的信賴。

工作將近四年後，我即要離開上海時候的中日關係，雖然逐漸有改善，但還是到處隱伏着危機，前途相當暗澹；但我却懷着祇要蔣先生健在，祇要日本的對華態度稍有反省，中日關係不會到最後關頭的希望告別了上海。

所以那一年十二月，在曼谷獲悉西安事變的我，爲中日兩國眞由衷深憂蔣先生的命運。

隨後，蔣先生的「西安半月記」問世。這是不折不扣地描寫身處生死關頭，而斷斷然不改變其信念之蔣先生的整個人格的一篇長詩。

上海與二・二六事件

一九三六年二月二十六日，不知何故跟日本的電信聯絡，一早就斷絕。祇有一電，拂曉經由正金銀行上海分行進來，內容雖然不清楚，但它暗示我們：日本似發生了重大變故。

迨至下午纔恢復電信聯絡，變故的內容，逐漸來電。旋即接到外務省情報部的公電，該電文最後說：「請不要把事體看得太嚴重。」豈有此理！一千幾百名的士兵發起兵變，內大臣、首相等政府要人被暗殺，還說不要把事情看得嚴重，這是什麼話？眞氣死人！

對外開口閉口誇稱是東方之安定勢力的日本，在其國內，近幾年來卻一連串地發生暗殺事件。這不是意味着日本的政府爲暗殺的政府是什麼？無疑地，這是狂暴性梅毒症狀。日本往何處去，我在心裏這樣叫喊着。

那天黃昏，爲介紹正在上海而馳名世界之聲樂家夏俩彬的酒會，假白俄羅斯人社會領袖梅朱勒夫婦之名，在法國俱樂部舉行。我們夫妻也應邀。前往一看，盡是內外各界來賓，非常盛會。我與梅蘭芳，就是這個時候認識的。他們一看到我，便都上前來問我東京的事件將如何演變。我雖然假裝鎭靜說沒什麼，過幾天馬上就會平靜下來，但心裏卻覺得被人家窺見一流國家日本的家醜，而非常難爲情。

相對於陰慘的二・二六事件，令上海日僑感到興趣的是繼而發生的「御定色情事件」（譯註六）。當時，無論在酒吧或料亭，談的都是這個話題。中國報紙，連一本正經的「華北日報」，也都很詳細地報導了這個事件。

在日本所發生的事件當中，成爲世界最大笑柄的，可能是這個「御定事件」。

上海熟人錄

由於上海是東、西洋接觸的國際城市，所以住在這裏，或路過此地之中外的知名之士，多得不勝枚擧，譬如因爲過路而跟我認識的人就非常之多。

在上海，大谷光瑞算是特別的存在。他雖然不常住上海，但一來便在西本願寺別院長住。對於他無所不知的博學，及其獨創的對外強硬論，有些人會感動流淚，惟因其異常的性格，爲有識之士所討厭和敬而遠之。如果有人因爲他流暢的京都口腔和謙遜，而出於親密態度的話，將立刻惹他不高興，從而遭遇到報復。猊下這個尊稱，對於這個人是不可或缺的。大谷所乘的日本船，如果沒有必恭必敬地取悅他，船公司將接到責難船長的話。有吉大使跟他似是倫敦時代以來的朋友，彼此很親密地來往，但我對他，卻經常保持着適當的距離。在背後，大家都叫他光瑞和尙，但在其面前，卻猊下猊下，唯恐不恭。

勅選議員坂西（利八郎）陸軍中將也再三來上海。貴族院的中國通坂西，常常到上海來玩。他一到，李擇一（黃郛的秘書—譯者）便跟他形影不離。

松井石根將軍也來過一兩次。由於他對中國人強制所謂大亞細亞主義，到處製造不愉快的話題，因此他的來訪，對於中日邦交是有害的。此外，陸軍將星中，由北方，或北上路過上海者有杉山（元）、土肥原、板垣（征四郎）和岡村（寧次）等人。

要到歐洲的諏訪根自子（譯註七）小姐，陪同將赴任西班牙的青木（新）公使夫婦來過官邸，她是個皮膚黝色，看來纖弱的少女。要前往柏林參加世運的前畑（秀子）游泳選手也來訪過。她的體格壯得令人覺得她如果跳進水裏，將永遠沉下去。

藝能界方面，近衞秀磨在法國租界的萊暹羅指揮過樂團；藤原義江在日式小戲院唱過「大波濤」。對於日本的高級藝能人來講，上海似乎不是好市場。

大小日籍西洋畫家的來遊更多。其中以熊岡美彥最馳名。日本藝術家的來訪，爲中國藝術界所歡迎，兩者的接近，自然而然地實現。上海有劉海粟、王濟遠等，跟我很要好的西洋畫家，他們是中日西洋畫壇的橋樑。

在上海的日本人，特別是銀行、商社的董事、支店長和報界的人，可以說都是我的好朋友。這些人，我無法一一舉名，但他們個個都是各行各業的一流人物，而這個事實說明了上海對於日本經濟界的重要性，和作爲消息來源的重要性。

由於上海是我的母校東亞同文書院的所在地，因此其畢業生在各界生着根。其中以山田純三郎（譯註八）爲最著名，乃兄良政（譯註九）以來，兄弟相繼爲中國國民黨黨員，深獲孫中山的信賴，爲國民黨的賓客。

同文書院院長是大內暢三。他曾任近衞篤磨公爵的秘書和國會議員，在政界多年，非常老練，所以能把握教職員和學生，爲同文書院創出極盛時代。

被中國人認爲文化侵略機關的自然科學研究所（譯註一〇）所長是新城新藏理學博士。對於曾任京都大學校長的他，這祇是一個隱居職位，令人婉惜，但他到任以後，研究所似恢復了朝氣。

我所認識的中國官紳，範圍非常廣範。在這裏我不擬一一舉出名字；但在這些人當中，偶然認識者有「天津大公報」的胡霖和張季鸞。不過跟胡氏是天津以來的重逢。所謂安福派的梁鴻志和吳光新也比較特別。段祺瑞曾南下隱居上海，但我從沒見過他。

以日本的文化事業費，在法國租界創立的中華學藝社，是留日同學常出入的場所，我跟他們雖然也有來往，但統統忘了名字，而祇記得數式說這個人。

在我所認識的歐美人當中，比較突出的有爲改革中國幣制而來的李斯・羅斯，和英國法西斯運動的領導者莫茲列卿等。上海英國財閥沙遜爵士，據說是猶太人，但一點也看不出來。跟成爲上海居民之「Ｐ・Ｔ時報」的吳特赫特，自天津以來，在此我得以重溫舊誼。「紐約時報」特派員亞本德，給人家以好感。

義大利公使是由上海總領事晉升的幾亞諾伯爵。領事團舊同事都譏笑他說：「這個傢伙借其岳父墨索里尼的光才當了公使，還有什麼神氣的。」不知道什麼緣故，有一天他請我做主賓去晚餐。其人物我並不覺得怎樣，但卻長得跟電影明星一樣帥。反此，其夫人，無論如何都不能說是漂亮，個子又小。

一九三二年年底，中蘇恢復邦交，柏哥莫洛夫首任駐華大使，隨後克里金斯基上海總領事也上任，重開位於白渡橋旁邊的舊俄國總領事館，回到上海社交界，但很少人跟他們來往，非常孤立。祇有革命紀念日的宴會，蘇俄總領事館熱鬧。人們都是爲美味的魚子醬和火酒而蝟集。平常毫無表情的柏哥莫洛夫大使，當天晚上則爲和藹可親的主人。克里金斯基總領事夫婦，羞怯、柔和得簡直不像蘇俄官員。

我在上海的生活

在上海服務將近四年，這在我的官歷中，算是最長的一次。我把內人、長女和兩個幼兒接來西摩路的官邸，過着很平靜的生活。在這期間，長女與三井物產公司社員本多敏郎結婚，兩個幼兒亦先後到達學齡，上了日本人小學。

我到任上海後大約半年，雖然就升簡任，但財政還是很困難，爲籌措長女的結婚費用，我費了一番苦心。不過家計之不如意，並非只是我一個人，大使館、領事館的大部分同事都是大同小異。本來就定得很低的薪俸，不但很久沒調整，致使趕不上當地生活水準，而且日元的滙率太差，每人的收入因之大受影響。我們請求外務省予以設法改善，但都未蒙採納。

有一次，外務省訓令我們調查和報告外國領事館職員的薪水。寺崎副領事擔任調查，就先到隔壁的德國領事館去查問，結果是「眞駭人聽聞。德國打字小姐的薪水比我還要多。他們更反問我們的薪水多少，使我出了洋相。」

話雖如此，我還是蠻享受上海的生活。跟領事團朋友和中國官民的公私交際，雖然多得不勝其煩，內人甚至於覺得有些討厭，但如果不出席，反而容易引起注目，所以祇有勉強應付。定期的國際性集會是各國的國家節日，這時，當事國的領事，照例要舉行宴會以招待嘉賓。

其中最盛大的，當推日本總領事官邸之「天長節」的宴會。每年我們準備很豐富的酒菜，中外賓客，競相來賀，乾杯、喊聖壽萬歲。

日本官民之間的來往也極其頻繁。宴會大多舉行於月之家、六三、東語的大廳，由藝妓作倍。就是招待中外人士的宴會，如果都是男賓的話，我也時或使用日本料亭。對於已經厭倦得邊顧慮到女賓，同時得恭恭敬敬之西式宴會的外國人，由藝妓服務的日式接待，一定有很大的魅力。他們好喜歡日本料亭。

我的嗜好是打高爾夫球和下將棋。我以倫敦以來唯一的好對手堀內書記官爲對手，幾乎天天「比武」。由於我倆的下棋，常百出異想天開的妙手，因而觀衆衆多，而著稱於僑社。

日本居民之間有體育會的組織，一到季節，他們便由日本國內請來大學棒球隊和橄欖球隊，跟當地的美國人隊比賽。它頗獲大家的好評，而且大多是日本隊獲勝，所以比賽完畢後，我就請雙方的選手前來官邸聯歡，而且成爲一種慣例。因此中國人遂稱我爲運動總領事。

調職暹羅

一九三六年年初，有吉大使辭職，由比利時轉來的有田（八郎）大使接充，但經過大約一個月，有田便出任二・二六事件後廣田內閣的外相，因之川越天津總領事遂一躍而爲駐華大使。旋即，我也得離開上海。

五月某日，外務省來電報說：「有擬以貴官接任矢田部（保吉）暹羅公使之密議，承諾與否請回電。」由總領事到公使，固然是一種榮昇，但這個電報，對我似爲我仕途的晚鐘，因爲其任地是暹羅。

不曉得是誰創造的，外務省有應該迴避「三下」的說法。它的意思是說，最好不要去當希臘、波斯和暹羅（這三個國家的國名中，在日語皆有「下」的發音）的公使。這些國家，既不衞生，在官歷上又是個胡同。暹羅雖然是日本多年來的友好國家，但就日本的外交大道來講是個小巷，公使的位子是「棄老人山」。（譯註一一）過去，從這個「棄老人山」再度回到人間的唯一例外是，日後出任巴西大使的林久治郎（九一八事變當時的奉天總領事——譯者。）外務省問我要不要去暹羅。因此我覺得我的命定了。

外務省既然要我回電是否答允，我自有予以拒絕的餘地，但我即時致電答應了。我認爲，人事當局所分派的任地，就是不好的地方，也應該勇往，這是吏道，也唯有這樣，才能維持外務機構的紀律。所以我覺得我不應該拒絕前往暹羅。

於是外務省立刻電命我回國。我化了一個月的時間，整理事務和向各方面辭行，並於七月初，攜眷告別了上海。

一回到東京，我遂正式被任命爲暹羅公使。許多人對我道賀。回家鄉掃墓時，故鄉的朋友們都要爲我舉行慶祝會。但我狼狽不堪地趕回東京來了。因爲我自認爲我是「棄老人山」的公使，因此萬萬不敢接受錦衣歸鄉的待遇。

隨即由人事課送來「大公使須知」的小册子。它指示着；先得前往三陛下及各皇族家署名感謝任官；出發之前當請求晉謁天皇；正式參拜明治、伊勢、橿原三神宮；給首相、各大臣留下拜候的名片等等。由於我覺得把赴任前的時間用於禮貌太可惜，因此省去了與政務無關的皇族家的署名，也沒請求晉謁，而祇參拜伊勢神宮了事。

給各大臣留名片沒什麼意義，所以我祇面謁首相。深居首相官邸的廣田氏，是否爲了維持首相的尊嚴，已經完全失去了往年的明朗。對於我的說話，他毫無反應。他似騎在危險物上面，以保持平衡，小心翼翼地。我大失所望地步出了首相官邸。

對於當時日本與暹羅的關係，特別關心的是池田成彬。由於他的提案，在三井物產公司設立了暹羅室，以暹羅流寓政治家布拉·沙拉沙斯爲客座，專門研究暹羅的種種。因此，有一日我往訪池田氏於大磯。這是我倆的初逢。談的當然是有關暹羅的事，但他的爲人遠比談話的內容給我深刻的印象。這是自己磨練出來的高超人格。我覺得他是無雙的大經濟人。武藤山治曾給我很大的感動，而在另外一種意義上，我非常佩服池田成彬。

出超的日暹親善

那時候，日暹親善是一種時髦。這是一九三三年二月，國際聯盟表決有關九一八事變的李頓報告案時，暹羅棄權，因而爲日本報界喝采以來的風潮，也是把棄權解釋爲暹羅對日本送禮的親善攻勢。

在國際會議席上投票棄權，表示如何決定問題對她都無關痛癢，或祇是公開表明立場時將對她不利的安全措施，所以日本把它解釋爲暹羅的盛情，不是往自己臉上貼金，就是一種政策，總之在那裏興奮的是日本，暹羅似乎非常冷靜。據說，去年以安川雄之助爲團長訪問暹羅的經濟親善使節團，完全是不速之客，給暹羅政府帶來許多痲煩，祇有收到強制親善的反效果。

我的新差事一發表，便有許多說要爲日暹親善效力的人來看我。但這些人，都是假親善之名欲獲得私利者。因此我曉之以不可強制人家以親善，而沒理他們。

不過，近幾年來，日本和暹羅在經濟、文化上的關係，逐漸的密切卻也是不可否認的事實。這是矢田部駐暹羅公使和暹羅拉克沙（P.M. RAKSHA）駐日公使的功勞。

拉克沙公使極其醉心於日本，出席日式宴會時都穿着和服，在新橋和柳橋（皆爲日本料亭所在地名——譯者），人們都把他叫做「櫻先生」。

開鑿克拉地峽的幻想

那時，所謂開鑿克拉地峽的計劃，成為內外報紙的熱門話題。它是擬以日本資本在暹羅國土延伸到馬來半島，八、九〇英里寬的克拉地峽，開鑿運河，以連結暹羅灣和印度洋的計劃。

日本某報有關它的報導，轟動了整個英國的報界。因為如果這個計劃實現，新加坡可能不再是國際通商路的要衝，因此英國報界才這樣緊張。

事既然有關暹羅，在赴任之前，我得把這個計劃弄個水落石出。而調查結果，竟是令人啼笑皆非的內容。它是跟我同鄉既非政治家，也不是實業家之吹牛大王的構想。這個人是以常常拿着奇特的賺錢案，把人家搞得頭昏腦脹而馳名縣內的老頭子；亦即他乘最近日暹親善的風潮，欲以開鑿克拉地峽計劃來唬唬人，而印刷毫無根據的計劃估計書，分發給知名之士，同時大吹大擂，而且還說已在政府和資本家的後援之下，經過實地調查，正逐步在實行。

這完全是買空賣空的空論，說出這個計劃的人固然沒有心也沒有能力去推行，政府和資本家更不會去睬他，祇有報紙把它當做離奇的構想，予以報導而已。因此，他一定在暗自歡欣他的惡作劇令英國報界空忙一場。眞是不應該。

赴任途上

我於九月下旬動身東京，參拜伊勢神宮後，由神戶搭乘歐洲航路的郵輪白山丸踏上赴任之途。這是經由新加坡的航路。在東京雇傭的沼田廚師夫婦跟我同行。

在門司，我與長期養病於青山溫泉的矢田部公使會面，商談有關日暹的問題。他服務暹羅八年，患了重神經痛，衰弱得連步行都困難。這是服務熱帶的可憐的犧牲。

從門司經由上海、基隆、香港，鋸齒形地南下。

在船裏，我被船長和事務長喊着「閣下」，覺得很刺耳。我討厭具有陸軍語感的這個敬稱。我告訴船長在外務省，大使、公使都沒有「閣下」這個尊稱，所以請他不要再這樣稱呼我，但船長不肯。他說郵輪上有要把大公使稱爲閣下的規定，因而喊我閣下喊到新加坡。

輪船一抵達新加坡，當地的英文報記者們便來採訪我。頭一個質問是：「閣下赴任暹羅，是否意味着要動手開鑿克拉地峽？」我說：「日本沒人在談這個問題。這是毫無根據的流言。」但他們卻都覺得莫名其妙的樣子。

根據前來迎接我的郡司（喜一）總領事的說法，除開鑿克拉地峽的謠言外，最近在新加坡又發生了一件非常刺激神經的事件。

這是日本海軍軍官隱瞞身分來到新加坡，偵探軍港的秘密，爲英國當局識破，並被示之以不可移易的證據而被逐出境，因之幫他的日本人會長遂陷於進退維谷，從而自殺的事件。以爲誰都不知道而大幹其間諜，但卻反被人家揭穿其眞面目，實在糊塗，因此郡司總領事非常氣憤。而從此以後，英國當局對於日本人，也就另眼相看。

我在新加坡呆了幾天，參觀了佐和耳（Johore）王宮和附近的橡膠園。跟香港一樣，這裏也是華僑的天下。我跟主要的日本居民見了面。其中，以印度獨立志士自居之千田牟婁太郎的氣魄給我印象最深。這時，我偶然邂逅了由瑞士回國路過此地的堀田（正昭）公使。

從新加坡到曼谷的國際列車的兩個晚上，熱得要命。但自英國領土一插足暹羅，風物則爲之一變。這是公園與原始林的對照。列車跑着暹羅的夜間，是一片漆黑，祇偶爾遠遠地可以看見一兩個燈火，令人知道有人在此地，因而使我湧出將要掉下黑暗深淵去的幻覺。

將近第三天的中午，在日僑歡迎聲中我踏進曼谷，而入主公使官邸。樓下是辦公室，樓上爲官邸荒涼的公使館。時已近雨季尾聲，院子裏池塘的水滿滿地。

（譯註一）五・一五事件是一九三二年五月十五日，當時的首相犬養毅（政友會總裁，國父的朋友），白天在首相官邸被海軍中尉三上卓等陸海軍少壯軍官用手槍打死的事件。以此爲界，戰前日本的政黨政治遂日暮途窮。

（譯註二）相澤事件是一九三五年八月，相澤三郎中校在陸軍省砍殺軍務局長永田鐵山少將的事件。

（譯註三）二・二六事件是，一九三六年二月二十六日，二十二名陸軍的皇道派少壯軍官率領一千四百多名士兵叛亂，岡田啓介首相內弟、內大臣齊藤實、大藏大臣高橋是清、教育總監渡邊錠太郎等人被殺死；侍從長鈴木貫太郎（日本戰敗當時的首相）負重傷的事件。

（譯註四）所謂國體明徵論是軍部，右翼攻擊天皇機關說的立場。

（譯註五）天羽聲明是一九三四年四月十七日，天羽英二外務省情報部長責備國際援助中國的非正式談話。

（譯註六）一九三六年五月十八日，阿部定殺死其愛人，並將其性器割掉的事件。以此事件而拍的日本電影，在巴黎連續演了八年，現在還在繼續。

（譯註七）諏訪根自子，提琴家。

（譯註八）山田純三郎是中國革命之友，其詳請參閱拙譯著「論中國革命與先烈」一書，此書由黎明文化事業公司發行。

（譯註九）山田良政，爲純三郎胞兄，是爲中國革命而犧牲的第一位外國志士。請參看前述「論中國革命與先烈」一書。

（譯註一〇）這是一九三一年，以庚子賠款爲基金，外務省文化事業部在當時上海法國租界所設規模很大的研究所；設有醫學部（病理學、細菌學、藥學）和理學部（物理學、化學、生物學、地質學），擁有五萬五千本左右有關自然科學的圖書。

（譯註一一）因為養不起，而把老人背到山裏去丟，這是棄老故事。

（原載一九八二年十二月二日至九日「台灣時報」）

東亞局長時代——中日事變

近衛本領令人懷疑

我一到東京，便受到外相佐藤（尚武）的邀請，並被任命為東亞局長，與前任者森島（守人）辦理移交，一點休息時間也沒有。

這時，林（銑十郎）內閣於三月底突然解散國會，正在大選中。

當時外務省在次官堀內（謙介）之下，局部長是歐亞局長東鄉（茂德）、通商局長松島（鹿夫）、條約局長三谷（隆信）、美洲局長吉澤（清次郎）、文化部長岡田（兼一）、情報部長河相（達夫）和調查部長米澤（菊二）。東亞局的課長是：第一課上村（伸一）、第二課佐藤（信太郎）和第三課長花輪（義敬）。這是我自任通商局第三課長以來，隔十三年第二次在外務省服務。

佐藤外相與我的緣份，沒有一個月，因為大選結果，林內閣失敗，所以，於五月間提出總辭職六月初，近衛（文麿）內閣在國民期待中成立，廣田（弘毅）就任外相。據說這是應近衛懇求的結果，而且是以副首相身分入閣，但我對廣田外相毫不覺得新穎或有所期望。自駐美大使館時代（石射和廣田這時同過事——譯者）我對他的崇拜和期待，這幾年來急速地減退。理由是，去年廣田組閣時，對軍部的要求他唯命是聽，更恢復軍部大臣的現役制等，使我對他感到失望。我雖然相信廣田是個眞正的和平主義者和國際協調主義者，但我却同時覺得廣田是個對軍部和右翼抵抗力脆弱的人。

近衛首相在日本國內擁有絕對的人望，中國和其他國家對他也抱著很大的期望。日本最好的家世，西園寺（公望）元老希望之所託，富有革新思想的人物，爲軍部中堅所支持的人，長得又帥，他以時局所期待的首相，而爲報界所歡迎和讚揚，並受到國民熱烈的擁戴。他起用報界出身的風見章爲書記官長，所以製造輿論是這個內閣的拿手。婦女和小孩也敬仰他。在女中讀書的我姪女參觀國會後回來說：「穿大禮服上講臺的近衛先生帥極了；叔叔穿的西裝太鬆，不好看。」她甚至於用我來歌頌近衛。

這種淺近的讚美暫且不談，但對於近衛的人望，我總沒有好感。綜合其親信所談，我對他所得的評價：「沒有本領的知識份子」。我跟他認識，是幾年前晚春，我到鎌倉他的別墅去訪問他，談論中國問題的時候，我對他的盛名，早已開始懷疑。

廣田被牽著鼻子走

中日關係的大局，比諸大約十個月前我離開上海時候並沒有什麼改善。調整國交的中日會談，因去（一九三六）年十一月的綏遠事件以來一直中斷。佐藤外相於今年春天在國會所表明的立於平等基礎的中日國交調整論，以及五月間回國的川越（茂）大使的對華再認識論，雖然都為中國所歡迎；但為中日關係之癥結的華北現實，却使兩國的關係日趨惡化。扮演緩衝中日關係之主角的冀察政務委員長宋哲元（譯註一），因忍受不了欲特殊化的日軍要求，遂以掃墓為藉口，回其故鄉山東而不返任所。因此日軍很着急，國民政府絕不許華北特殊化。

國民政府的強硬態度，自綏遠事件以來，以全國性的對日強硬輿論，和西安事變為轉機，似乎成立國共之間「停止內戰，集中國力，一致對外」的妥協為其根據。

從華北的日本使領館，不斷地傳來日軍所惹起險惡空氣，其情勢相當嚴重；但日本又沒有消除它，從而調整全面國交的具體政策，當然更不能提出廣田三原則。

我以為我既然做了局長，自應該拿出辦法來，因此一上任就從大處着眼，來構想我的對華私案。我本想用它作為跟國民政府外交部亞洲司司長高宗武私下會談的腹案，惟因盧溝橋事件，一切功虧一簣。

一九三七年七月八日拂曉，我因為外務省來的電話而跳起來。無需說，這是盧溝橋中日兩軍衝突的情報。眞糟糕！我坐上來接我車子到外務省，爲時六點左右，院子裡沒人影，是很清爽的早晨。到情報部去，部長河相已經上班了。「終於開始了」，「希望不要擴大」，我倆有過這樣的會話。主管課的東亞局第一課首席事務官太田（一郎）已經在那裏工作。

廣田大臣上班後，次官堀內、歐亞局長東鄉和我，遂與廣田外相聚會。當然，大家都贊成不擴大事件和就地解決的原則。北平的大使館，陸續來電報。電報說，事端是因爲中國軍不法射擊而開始。但知道九一八事變之來龍去脈的我們，都異口同聲地說：「又來了。」不過，無論那一方先動手，當前的問題是趕緊解決事件。

當日上午，陸軍省軍務局長後宮（淳）和海軍省軍務局長豐田（副武）來我辦公廳，決定不擴大事件的方針。對於中國問題，一向有陸海二軍務局長和東亞局長隨時聚首外務省商量的慣例。這就是所謂三省事務當局會議。

下午召開內閣會議，決定不擴大事件和就地解決的方針，並訓令陸、海、外三省駐中國機構這樣做。於當地，在二十九軍和日軍對峙中，開始了善後交涉。

經過不安的兩天，連星期日也召開了緊急內閣會議，因此十一日一早就上班，東亞一課的事務官太田看到我便很憤慨地說，剛才陸軍省軍務局聯絡員來說，在今日的緊急內閣會議，陸軍大臣將提出動員三個師團案，所以請外務大臣來反對它，使它流產；太田反駁對方說，你們爲什麼不自己去阻止其提案，這種作法實在太卑鄙。無疑地，這是陸軍內部意見不統一的暴露。於當地既然正在交涉解決中，爲什麼還要提出動員案？不必來拜託，外務省一定要反對。

當天上午九時，我到東京車站去迎接爲了參加內閣會議，從週末去鵠沼靜養而回來的廣田外相。我在車子裏向他報告軍務局聯絡員的話，並建議他在內閣會議時阻止這個動員案，因爲此時絕對不宜刺激中國當局。他點了頭。

可是，當天的閣議却很簡單地通過動員案。從閣議回來的廣田說，這個案附有一前提，就是需要保護日僑和爲駐屯軍的自衞所必須纔動員；亦即是爲預防萬一的動員準備案，所以在原則上無異議地予以通過。由於廣田這樣被軍部輕取一會合，因此我和東亞一課對外相非常失望。

根據閣議的決定，當天晚上內閣不但發表「做重大的決心，關於派兵華北，政府決定採取其認爲必要之措施。」的聲明。而且翌日晚間，邀請政界、言論界和工商界領袖們到首相官邸，由首相親自要求他們對政府的決心予以瞭解和支持。這時，官邸好像在做拜拜，似乎是政府本身要領頭擴大事件的樣子。

過去，每發生事件，政府都落後一步，而爲軍隊牽著鼻子走。據說這次首相如此做，是採取其親信的想法，不如由政府先出手，使軍部退三步，以利事件的解決，於是大吹大擂，以壯其勢。開玩笑，這無異是用肉包子打狗。

解決方案提交外相

至此，從正面已無用武之地，於是我決定以當時參謀本部第一部長的石原（莞爾）少將爲從事幕後工作的對象。大約一個月以前，外務省幹部會邀請石原來交換意見，他斷然說：「日本國防上應該最關心的是抵制蘇聯，對中國用兵是荒謬絕倫，祇要我活一天，我不出兵中國。」石原的這句話，使我決心這樣去做。

記得七月十三日，因爲情報部長河相的斡旋，我在平河町的河相宅偷偷地跟石原會談，河相也同席。我對石原再次確認其「不出兵中國」的決心，並相約了就地解決事件的方針。石原要我保密這個會談，因爲軍部內的一些人和右翼跟踪得很厲害。這說明了石原在軍部內立場的困難，但負責作戰用兵的他既然這樣說，我便以爲可以避免動員出兵而覺得有點輕鬆。

在當地，十一日，中日之間成立了解決條件，同時，逃到山東的宋哲元已經回來開始處理事件，因爲參謀長橋本（羣）的統制有方，日軍很平靜。如果這樣下去，數日內事件似可以獲得解決。

解決事件的交涉，在南京也同時進行。事件發生之前，大使川越出差華北，代館的參事官日高（信六郎）受外務省訓令，與中國外交部從事交涉。國民政府當然是不擴大方針，外務省的立場是：堅持當地所協定的解決條件，不能侵害中國主權。

七月十八日，雖然是星期天，我仍然上班，黃昏時刻，書記官長風見打電話來，請我到首相官邸，並要我對中日問題的解決方案表示意見。因此我說明了除我平素所想的方法以外無從打開國交的大概。此時我對書記官長說：

「如果錯解決這個事件，日本將斷送其前途。不知近衛首相的覺悟如何？」

「皇室與近衛的關係不同尋常。由於皇室和近衛家的這種關係，不許像過去的首相那樣，無法對付時局辭職了事。近衛內閣一定要負解決事件的全部責任，所以請你放心。」書記官長風見這樣大言說。

「既然如此，那就更應該採用我的解決方案。」

於是我回到外務省之後，遂把我的私案寫成書面，送去給他。他竟向我求取解決方案，實在令我欽佩。於此同時，我也向廣田外相提出我的私案，並報告他，我與書記官長會談的經過。

辭職未准靜觀變化

十一日，日本政府的重大決心聲明，如所逆料非常刺激中國政府當局，而且已經傳來了中央軍的北上。加以廬山會議中的蔣介石先生，於十月九日發表了重大聲明。在前年六中全會的演說，蔣先生說中日國交還沒到最後關頭，故不該輕言犧牲，以壓住了激進的抗日首領；可是這次演說，他却宣言最後的關頭到了，並告訴國民他維護中國主權的決心。蔣先生終於說出最後關頭了。攔住中日國交之破裂的提防決口了，於是情勢日加嚴重。要應付此種情勢，實唯有愼重日方的行動。可是，政府竟應陸軍的要求，於二十日召集閣議，以便通過三個師團的動員案。

當天上午，我、後宮和豐田三個人討論了動員問題。海、外兩局長絕對反對，後宮局長他個人反對，惟因陸軍部內和國內情勢，認爲動員是不得已的。亦即他受著部內強硬論者和右翼的壓迫。我們在意見對立中散會。我向外相報告了以上經過，並請他在閣議能妥善因應。

閣議從上午開始，但一直沒結論，因此從黃昏七時半又重新召開。我覺得外相的態度猶豫不定，所以我令東亞一課寫了封請願書，趕往首相官邸去找將要出席閣議的外相。在閣議室門口我找到他，因爲沒有時間做口頭說明，因此我請他看看請願書。請願書的內容大約爲：動員將是擴大事件的開端，必然招致難以恢復的情勢，所以爲中日關係百年大計，請在閣議奮鬪，並由我和上村聯署。我把它當做最後一分鐘的打針。

爾後我回外務省，以等待閣議結果。外相於晚上十一點多鐘，由閣議回到官邸來；我跑去看他，他竟說，沒經過什麼討論就通過了。我非常洩氣。「我已決定辭職或停職而回家。」（我的日記）

翌（二十）日早晨，我和上村第一課長決心辭職，而帶著事務官太田替我們寫的辭職書面藹外相。我說，沒有採納我們事務當局的建議和請願，並贊成動員，意味著對我們事務當局的不信任，然後把辭職書呈給他，他竟這樣說：

「你們既然是站在規勸部下聯袂辭職的立場，爲什麼要聯名辭職？」

「聯署是一種方便而已。請您把它當做分開的辭呈。」

這樣答後，我又問他動員問題。外相竟大發雷霆說：

「住嘴！連閣議的經過都不知道，還要講什麼！」由於我從沒見過這樣的廣田，因此瞬間有點張慌失措，但我又繼續說：「令您生氣很對不起……。」這時外相恢復冷靜的語氣說：「陸軍大臣說就是實施動員，除非情勢急迫不出兵，而且當地的情勢也正在趨於解決，所以請撤回辭呈，以靜觀一段時間。」我們的意見，他是非常瞭解的。

外相一這樣冷靜下來，我的「鬥志」便隨之而鬆懈，再跟他爭也於事無濟，祇要事件獲得解決就行了。於是我說：「知道了，我們願與您共同奮鬥。」而匆匆離開了外相辦公室。我們很巧妙地給外相哄走了。

這天下午，軍務課長柴山（兼四郎）帶來了好消息。卽事件一發生，柴山便趕往華北去看當地情勢。回來後他說，當地非常冷靜，並逐漸實行解決條件，因此沒有增兵的必要。而且柴山已經把這種情況向上面報告。加以當地參謀長橋本拍來無需援兵的快電，所以前途相當光明。我的日記這樣寫著：

「從當地回來的柴山課長已呈報意見，天津軍也有無需援兵的來電，據說軍部已經暫時延緩動員，陸軍大臣對外務大臣也這樣說。由此，東亞局第一課遂元氣百倍，構想今後的和平工作。」

二十三日，陸軍發表了當地協定的內容及其實施狀況，這說明了事件接近圓滿的解決。那天，從上午就召開三局長會議。陸軍方面由柴山課長以代理身分出席。就善後交涉的方針，我們大致上達成了協議，已經看到曙光了，可是陸軍却還在介意北上的中央軍，因而軍務局長後宮來央求外務省對南京設法使中央軍撤退。我以爲只要事件獲得解決，便不必做這種工作而予以拒絕。二十五日，南京的日高、高宗武會談表明，國民政府有意默認當地協定的解決條件。太好了，下一個步驟祇剩下從大局來調整中日國交。我爽快極了。

三個魔鬼連袂而來

但這祇是曇花一現，從二十五日到二十六日，因爲廊坊事件中日兩軍互相鎗擊，形勢爲之大變。第一線情報仍然將其歸諸於中國軍的不法射擊；但我却認爲其動機是由日軍下層不必要的動作而引起的。總之，日軍因此事件態度硬化，而向宋哲元將軍提出最後通牒，要求二十九軍全面撤退到保定方面，否則將採取自由行動。自九一八事變以來，爲國防所養的狗，在這裏不分養主，又咬人了。

魔鬼並沒有單獨來。二十六日黃昏，欲從廣安門進入北京的日軍，受到城壁上面中國軍射擊。日軍認爲，其非在於中國軍的故意或誤解。自發生事件以來，一直堅持就地解決的參謀長橋本，似乎已經壓不住軍部內的興奮；而更壞的是，其部下有一個著名的策略家和知（鷹二）中校。

另一方面，被最後通牒殆得走投無路的宋哲元，遂報告中央政府，與其接受屈辱的條件，不如選擇抗戰的決心，並請求中央政府支援。

對於日本陸軍軍部內強硬派來講，這是他們求之不得的情勢。陸軍對於二十七日的閣議通知動員三個師團，並向正在召開的臨時國會要求事件費九千七百萬日元。國會不但照原案通過，而且決議感謝派在華北的官兵；不特此，政府更發表聲明稱讚軍事行動呢！

二十八日凌晨，「皇軍」開始其「懲罰」二十九軍的戰爭。新聞界歌頌政府的決心，民衆為戰爭而興奮，情勢急轉，烽火衝天，束手無策。說不出兵中國的參謀本部第一部長石原到那裏去了呢？加之，二十九日，日軍傀儡翼東政府的保安隊一千五百人起來叛亂，殺傷了通州日軍守備隊以及領事舘警察和日僑大約二百五十個人。這是日軍的大意所導致的慘劇，但日軍却將罪過歸諸於二十九軍的煽動。至此，二十九軍遂遭遇到非被「懲罰」不可的命運。魔鬼是三個聯袂而來的。

日皇企圖外交解決

如此這般，在第一線開始了全面性的「打架」，但於此時，日皇表示了意見。根據廣田外相的說法，二十九日晚上，日皇召見近衛首相說，這時是不是可以外交交涉來解決問題。大概是這個意思傳達到日軍的結果，三十一日，軍事課長柴山來看我，問我有沒有令中國方面提出停戰的可能。為了面子，陸軍不自動提出，而要由中國方面提出停戰問題。我說有，如果將我全面調整國交案與停戰交涉同時提出，有停戰的可能；因而我向柴山說明了我的國交調整案。柴山瞭解我的構想後就回去了。

在這裏，我想談談柴山這個人。我跟他二十幾年前偶然認識，而變成無所不談的朋友。根據我知道，最近的柴山是陸軍部內最正確認識中國的一個人，而由於其公正的意見，他常常受到其同仁的圍攻。這個柴山，現在以軍事課長身分，與東亞局接觸。自發生事件以來，雙方的理解很快，我倆的意見也大多一致，就我來講，他是陸軍部唯一能談中國問題的一位。而且他足智多謀，據說又爲陸軍次官梅津（美治郎）所信任。

八月一日下午，我對陸軍省課長柴山及海軍省軍務局第一課長保科（善四郎）就停戰交涉和全面調整國交案說明了我的腹案。這個腹案是，把停戰案和全面調整國交案交給恰好回來東京的在華紡績同業會理事長船越辰一郎，請他趕回上海一趟，以他所仄聞日本政府的意向，暗中示之於高宗武，試探有沒有接受的可能，以便尋求外交交涉的線索。爲什麼要繞這樣大的彎呢？因爲中日兩國政府相繼發表重大決心的聲明，並正在大喊大叫斷然要懲罰和徹底抗戰的時候，如果突然提出停戰案和全面調整國交案的外交交涉，實在太微妙。因此，我便先透過私人，暗示對方以收拾局面的可能性，使其解開國民政府的抗戰意識。對方是一向熱心於中日和平的高宗武，這邊是與高氏有深交的船津。上述兩案對高氏如果有吸引力的話，自可發現交涉的線索。這是我的構想。

陸海兩省課長都贊成我的想法。海軍方面對這構想，我想不會有意見。柴山說，他要按照這個構想去統一部內的意見。

我把上述經過向大臣和次官報告，並承蒙他倆的嘉納，爾後去訪問隨侍其正在東大醫院住院的夫人的船津。船津以其夫人病重不肯答應。我說這是廣田外相的懇求，這樣纔說服了他。其夫人的確病危，但實在也不得已。

三省事務局一致的意見，遂爲上司所採納，陸、海、外三大臣和次官之間，由之各舉行了幾次會談，同意了全盤方針。於此同時，三省事務當局會議草擬了要給高宗武的具體案。兩個案，都是從大處着眼，以東亞局的案爲主。如果這樣中國方面一定會接受交涉的預想，使我勇氣百倍。我八月四日的日記有這樣的記載：

外務次官、陸軍次官會談

根據會談結論，黃昏、保科、柴山、上村三課長共同草擬停戰案和調整國交案，兩案遂漸具體化。這如果能順利，可以實現中日的和睦與東方的和平。日本和中國將恢復其正常的心理狀態，這是何等貴重的工作。

雖然還沒有成案，但我對船津說明案的內容，請他搭乘四日下午九時半由東京車站開的火車前往上海。我對他約定，一成定案，我將把全文電告上海總領事，同時，電知上海總領事以船津的使命，並訓令他請紡績同業會堤理事安排高宗武和船津會面。該訓令特別提醒，這個會談在形式上是出自船津的意思，外務機關不要揷手。

希望停戰調整國交

三省事務當局所商定的具體案，經由陸、海、外三大臣會議同意，於七日凌晨電告上海總領事。兩案的要點如左：

停戰交涉的要點：

一、取消塘沽停戰協定，和以往華北的一切軍事協定。

一、創設特定範圍的非武裝地帶。

一、取消冀察、冀東兩政府，由國民政府任意行政。

一、日本駐屯軍兵力，要減到事變前的數目。

一、停戰交涉成立以後，中日雙方應該將過去的事情付諸東流，進入爲眞正實現兩國親善的新交涉。

調整國交案的要點：

一、中國承認滿洲，或者隱約約定今後不提出滿洲國問題。

一、中日間成立防共協定。

一、中國要全國各地徹底實行邦交敦睦令。

一、取消上海停戰協定。
一、廢止日機自由飛行。
一、增進兩國間的經濟、聯絡和貿易。

上述停戰交涉案的所謂新交涉，考慮到中國經濟援助和廢除治外法權，但這準備在調整國交交涉進展過程逐漸具體化。又調整國交案中承認滿洲國一點，對中國來講當然是辦不到的，惟因我們在事變前得到國民政府內部，有對於爲中日間癥結的滿洲國最好不再提起意見的可靠情報，所以纔提出「今後不提出滿洲國問題」這一條。

船津會談尚無結果

根據上海總領事來電，提理事已經與高宗武取得聯絡，並安排九日在上海，高、船津可以舉行會談。預定表進行得非常順利。此時，川越大使由華北返抵任所，這是八月八日的事情。

川越大使於發生事件前不久，前往青島靜養；事件一爆發，他便北上北京和天津，以注意事件的解決；但這種時候大使的使命是，與國民政府折衝。外相曾經幾次訓令他趕緊返上海任所，但他却一直逗留天津不動。不得已，由次官堀內提議，以返國述職中的漢口總領事三浦（義秋）爲外相的返任督促使，去見川越大使。

七月下旬的臨時國會，抨擊川越是應該的。對於在這重要關頭，大使竟不在任所，他在幹什麼的攻擊，廣田外相陷於窘境，他祇有對質詢議員道歉說正在督促其返任所中。

川越大使，終於回到上海來了。回來東京的總領事三浦復命說，他抵達天津時，川越大使已經對當地情勢絕望，決心返任所。

回到上海的川越，一聽到船津的使命，便對船津說，他要跟高司長會談。總領事岡本以外相曾訓令當地外務機構不要插手這個會談而加以反對，但川越不聽。

倒霉的是船津。既然請出來了高司長，船津便不得不於九日所約定時間與高氏見面，但却沒談到外務省所給予的使命，而以那時被釋放的抗日救國聯合會首領沈鈞儒等一夥的事爲話題，並爲上海局面的和平，希望他們取締排日活動，以混過去這次會談。

從此以後，纔舉行了川越、高會談。會談情形，川越雖然有電報來，但我已不記得它的詳細。現在我祇記得這樣：在該項會談，川越告訴對方日本的態度很寬容，說明和平解決的可能和需要；至於停戰案和調整國交案的具體內容，他並沒有全盤地轉告高宗武。我的日記這樣寫著：

川越大使與高宗武會談，試探試探是可以的，但阻止船津，打岔與高宗武的會談實在太不應該，除非給對方機會，對方是不會積極的。船津是爲工作而來的呢！

在上海這種齟齬的演變，使我對陸海兩軍失去面子。駐外機構無視訓令並不只是陸軍。惟縱令照預定舉行了船津、高會談，也不可能有好結果。因爲以船津、高會談那天黃昏所突發大山事件爲導火線，上海的局面遂錯亂得一場糊塗。

大山事件局勢惡化

自發生盧溝橋事件以來，表面上，上海雖然保持著平靜，但華北的砲火隨時有引起第二次上海事件的可能，因此中國方面遂秘密地加強上海一帶的防備，並侵犯從第一次上海事件以來就存在的停戰協定區域。這些情報使日本陸戰隊非常神經質。海、外兩省，對現地當局訓令要避免造成第二次上海事件。

正當此時，竟發生了大山事件。事件發生地的紀念路，是共同租界行政權所及的所謂西部越界路的一條，路面外側是中國的行政區域。這是八月九日的黃昏，陸戰隊大山（勇夫）中尉與其一個部下，駕車在紀念路中，爲中國保安隊所殺的事件。

總領事岡本請求發動英國、美國、法國和義大利的停戰協定委員，以俞鴻鈞市長爲對手，俾解決事件和消除當前的危機，但他的努力却沒有奏效，局面日趨惡化。這時如果開始戰端，陸戰隊將面臨危機，因此海軍遂由佐世保急派一千名增援隊到上海。不消說，中國把它當做日本決心戰爭。這個增援，據說沒有經過政府承諾，而在海軍的權限內所採取的臨機措施，所以無工夫去阻止它。在祇爲打勝目前戰爭，不顧外交和大局，逐鹿者不看山這一點，陸軍和海軍並沒有什麼兩樣。

你死我活戰爭展開

八月十三日終於開砲了。由於海軍單獨不能支持局面，陸軍便以松井上將為軍司令官，把兵力投入上海。如此這般，在華北和華南，中日兩國軍隊遂展開了你死我活的戰鬥。從此以後事變的進展，實在不忍去刻畫。

因為船津、高會談宣告流產，我們退一步決定令南京的參事官日高與高司長試試看停戰案和國交調整案，並訓令日高。惟因十五日，日本海軍飛機轟炸南京，日高回電說無法與高司長取得聯絡。日高奉外務省訓令，率其館員於十六日撤離了南京。

日本政府於八月十三日的臨時內閣會議，決定大量出兵上海，十四日發表如下的聲明：「……懲罰中國軍的暴戾，為促使南京政府反省，今日纔不得不採取斷然的措施。這是希求東洋和平，翹望中日共存共榮之帝國衷心以為遺憾的事。……」政府隨軍部所欲急速地動起來了。我祇有這樣嘆氣：

上午三點起來上班，太田一郎、小幡酉吉等人正在把內閣聲明譯成英文。自以為是的聲明，除日本人以外，不會有人說它是有道理的。

無名之師，這是原因，日本應該先行悔過，爾後中國一定會改過。中日親善，完全要看日本，中國這種說法是正確的。（八月十五日我的日記）

上午九時半日高返抵東京（中略），根據他的說法，國民政府的態度是滿不在乎，空襲那一天，南京很平靜。他們早已做了最壞的打算。

日本以爲不行的中國，實際上是行。無奈我不吉利的預言，却逐漸在應驗。以爲是狗的中國，竟是一條狼狗。軍部的失算，國民被騙得不知道他們竟在以狼狗爲對手。（八月二十一日我的日記）

由於事變全面擴大的結果，沿着長江以及其他地區的日僑和有關人員，遂不得不撤退到安全地帶。

憲政向軍刀低頭了

自從發生事變以來，報章雜誌都清一色地迎合軍部，歌頌政府的強硬態度。我從沒見過對「懲罰中國」、「斷然措施」抱有疑義的任何評論和意見。在人物論評方面，「將擔負明日陸軍」的中堅軍人最吃香，老百姓和官吏則被譏笑。如果反對事變或非難軍部的話，憲兵隨時隨地會來找你。言論被局限於軍部所定的範圍之內。爲對華和平工作，奉近衞首相密令的宮崎龍介（譯註二），欲前往上海前，在神戶或什麽地方被憲兵抓到似乎是事實。（譯註三）

九月上旬召開的臨時國會，又決議感謝出征官兵，拍軍部的馬屁，無異議通過事變費二十億二千萬日元。「憲政向軍刀低頭了」。（錄自我的日記）

舉國高喊要打中國

在此次國會的演講，近衞首相表明，將把事變的局部收拾方針改變爲予中國以全面徹底打擊的方針，而爲達到這個目的，不惜進行長期戰，並說：「我以能與諸君翼贊這個國家大事爲榮」。事先拿到這份演講稿的我，在我的日記把它罵說：「這一定是被軍部強制的案。它說要懲罰中國，更說是爲了令其停止排日和抗日，要徹底打中國。他究竟要把日本帶到那裏去？眞是不可救藥的非常時首相！」

本來就好戰的日本國民，加上大衆傳播的鼓舞，意氣軒昂，毫無反省地歌頌事變。具有應徵入伍者的親戚和朋友，駕駛著幾部車子，紅白旗子飄揚，滿車歡聲，變成東京街頭的風景。「膺懲暴支國民大會」最爲叫座。

國民並不相信「對中國毫無領土野心」的政府聲明。他們認爲，既然要懲罰中國，拿華北或華中的良好地區也是應該的。

對於出差地方的一個外務省官員，當地的有力人士竟說：「如果做了放棄這個聖戰所佔土地的媾和，我們將攜帶草蓆到外務省去算帳。」一個自稱爲中國通的人來看我：我非得要到山東或河北不可！有一個宗教家來看我：佔領上海！這纔是確保和平的大道，惟這個人是一手拿可蘭經，一手執劍的回教牧師。居然還有發生過這樣的事情。

九月某日黃昏，有點事到次官室，恰好有位官界出身的知名貴族院議員來會談中。次官被喊至大臣室一段時間，我倆談起了事變。這議員說，事情既然進展到此種地步，應該令對方割讓長江的要地，並長期佔領其他地區。我對這個唱亂調的知識份子非常氣憤，所以毫不客氣地指出了他的錯誤。這議員有個已經過世而曾經爲馳名外交官的弟弟，這眞是一對賢弟愚兄，這個愚兄把我批評他的話在國會公開：他到處惡意宣傳說，在這樣時局，用如此差勁的東亞局長，實在有問題。因此，貴族院議員的小幡前大使遂警告我說，你以後要看人講話。

我從不在印刷品上發表我的對華意見，但在私下的集會，祇要有請，我就出席說明進行事變的不智。大概是由於這種原因，我的前輩蘆田均和我故鄉選出的國會議員助川（啓四郎）等人，便對我忠告說，對我的時局意見，巷間有種種不良傳聞，因而要我特別謹愼。

主和人士多遭逮捕

以芳澤（謙吉）、出淵（勝次）爲首，由憂慮時局的諸前輩和民間人蝟集了有關收拾事變的建言，這些都非常值得參考，尤其正在東京的上海滿鐵事務所所員小川愛次郎的意見書最鮮明而剴切。小川不但把他的意見書給我，而且呈給近衞首相和官界政界要人，於是小川遂被憲兵隊逮捕，我花了好大力氣才救了他。他是旅華多年，最正確認識中國，不聞名但却稀有的中國通。

我在報界的風評非常差，其最大原因是我不太願意跟新聞記者見面。跟外務省記者俱樂部記者們會面是情報部長的工作。而且我認爲，跟記者談些非眞心話以敷衍其場面，絕非對記者應有的態度；但如果說實在話，馬上會被利用爲特別消息，因此敬而遠之遂變成我對報界的態度。但朝日新聞的神尾茂是例外。跟我做朋友三十多年的他，是我不時的上賓，我告訴他眞象，但只要吩咐他不要寫，他就不會寫。曾經爲合衆社社長的斯頓說過：「知得最多，寫得最少的纔是最好的記者。」而根據我所知道，神尾就是這種人。

英國大使幾被射殺

就是在軍事行動下，也得特別留意不要損傷各國在華權益，乃是日本政府一向的方針。可是現地的戰鬥部隊對外國權益卻不客氣，所以，各國的抗議接踵而至，單單美國就達四百件以上。而在這些對外事件當中，事變發生後不久轟動一時的，便是英國駐華大使徐革生的遭難事件。八月二十六日下午，徐革生大使和經濟顧問巴吉等三人，坐著插有英國國旗的車子由南京往上海途中，在常熟與大倉之間，遭遇到兩架飛機的機槍掃射，徐革生大使的背梁中了一顆子彈，於是遂被送至上海醫院（ the Country Hospital ）治療，他雖免於一死，但其傷勢卻非常嚴重。根據與其同車者的說法，打機槍的是日本飛機；而從當時上海方面的制空權完全操在日本海軍的情況來講，從空中能掃射機槍的實祇有日本飛機。

現地的日本海軍聽到事件以後，艦隊司令長官長谷川（清）中將便卽時到醫院去探問徐革生大使的遭難，並表示遺憾（日人表示歉意時，常常使用遺憾二字——譯者）；可是却馬上改變態度，說經過調查結果，那天日本飛機並沒有襲擊汽車。根據現地海軍的報告，海軍省主管官員由地圖上所做的說明，當日當刻，在上海與南京之間的上空，日本海軍飛機確曾從事游擊，但游擊航路未經過肇事地點，而且從沒襲擊過揷有英國國旗的車子。

英國大使舘向日本政府提出要求謝罪的嚴重抗議，這個問題主要由次官堀內和到任不久的英國大使克萊基折衝。由於現地海軍以調查事實的結果爲根據，繼續否認掃射的責任，因此次官堀內和大使克萊基的折衝幾乎沒有進展，問題不能解決。英國本土對日感情逐漸惡化是理所當然的。我的日記這樣寫道：

駐英大使吉田（茂）來電說，徐革生大使問題大大地傷害了英國人的感情，它對我國的交易和金融有不良影響，這是很可能的。

第三艦隊的懦怯誤了國！

爾後，海軍逐漸反省，而終於得出掃射者似爲日機的結論。根據這個結論，廣田外相對克萊基大使致書表示歉意，經過一個月左右，這個問題纔獲得解決。這是努力於說服海軍的次官堀內和堅忍處事的大使克萊基合作的結果。

據聞，皇宮也很憂慮這個事件，所以發生事件的第三天，宮內省派人來外務省，問問是否需要以日皇名義致書英王。我對外相建議最好這樣做，但外相却以可否的意見應由海軍來表示而不予贊同。致電英王事，後來沒下文，眞是遺憾至極。

美國總統演講「隔離」

自事變以來，列國的輿論都同情中國，責難日本，連德國和義大利報紙，也都沒替日本說話。日本駐各國使領舘不斷地往外務省報告海外報紙的論說。從各種角度，日本報紙將事變的罪過歸咎於中國，但從外國人的觀點來說，這些都是九一八事變以來的詭辯。

其中，最使日本人頭痛的是十月五日羅斯福總統在芝加哥所作的「隔離」演說。他說，戰爭是一種傳染病，要防止傳染病的蔓延，實惟有隔離其病源的病人。換句話說，他把日本當做播菌者。對這，情報部長河相發表聲明說，無產者被資產者阻擋其出路的時候，發生戰爭是應該的。由於隔離演說影響很大，因此陸海軍遂不得不要求外務省取消河相聲明。

這時不知道是誰的提案，爲向列國說明日本對事變的眞意，政府裏頭有派遣使節團之議，並決定派伍堂卓雄到德國，大倉喜八郎到義大利，松方幸次郎前往美國。以爲這樣就可以啓發列國輿論，實在想得太天眞。我認爲這是自我安慰的浪費公帑。

國際聯盟老鼠合議

九月，中國向國際聯盟提訴事變。可憐的國聯祇有以日本的態度違反九國公約和非戰條約，請九國會議來解決這個問題。這等於說，它想利用保障中國領土和主權完整之一九二二年的九國條約的締約國，和一九二八年的非戰條約國家來壓住日本。這兩個條約的「守護人」美國之參加這項會議是它的優點，但美國却沒有自告奮勇地到火中去取栗的決心；所以這種國際會議，不管作成什麼決議，都解決不了問題。事變早已過了「閒聊」的階段，日本拒絕出席這個會議。在外務省內部的會議中，我贊成拒絕參加這個國際會議，因為我堅信惟有由中日兩國直接談判纔能解決問題，不能求諸於國際會議。

九國會議於十一月三日在布魯塞爾召開，經過三個星期的辯論，結果決議日本違反了九國公約和非戰條約；事變的解決不可能由中日直接交涉，唯有由有關列國協議纔能獲得解決而散會。這是一次沒人敢給貓帶上鈴鐺的老鼠會議。

四相希冀德國調停

大家都認為，出席國際會議的日本代表，縱令在會議上坦率承認其錯誤也祇會使日本國民憤怒而已，根本不可能接近解決進行中的事變一步；需要的是中日兩國的直接交涉，和為其橋樑的第三國的居間調停。

事變當初，透過格魯大使，美國政府曾經說願意為中日居間調停；惟由於當時還有不必透過第三國，中日可以直接談判的可能性，所以謝絕了美國的提議。爾後，事變日趨擴大激烈，陸海軍拼命把軍隊往中國大陸送，但却還存著中途解決的一線希望。因此，十月二日，陸、海、外三局長會議在「我們雖然反對把帝國置諸被告之地位的干涉或調停（中略），但英國、美國或其他第三國善意的斡旋，如果其方法得當，倒不如利用它作誘出中國之具爲有利」的前提下，決定「接受第三國公正的和平勸告的斡旋」之方針，總理、陸軍、海軍、外務四相且同意這項決定。

這個方針於十月二十七日，由廣田外相個別引見英國、美國、法國、德國和義大利大使，說明不參加九國會議的理由，同時表明如果是爲啓開中日直接交涉的善意的橋樑，則爲日本政府所歡迎。此外，廣田對這些大使，又坦白說出日本政府所希望的解決事變之條件輪廓。

這個條件跟八月初船津工作的時候，授與船津的停戰案和調整國交案大致相同，並由總理、陸、海、外四相於十月一日所決定「事變對處要綱」裏所重新確認的。

祇要作好這五個國家大使的工作，其中任何一個國家，一定會試探中國的意向，從而出來做善意的調停。我非常期待這個工作的效果，所以在我的日記這樣寫着：「中國方面的眞意的試探，繫於這個工作。東亞的形勢，要右還是要左？」

英國首先表明願意調停，但主要地因爲陸軍的反對而作罷。當時，許多人以爲英國在中國背後爲國民政府撑腰，而陸軍以在國民感情對英國極端不好的情勢之下，要英國來調停，國民感情上有問題，這種意見是不無道理的。

但在實際上，陸軍的內心是想給德國以機會。因爲後來我們纔知道，不曉得是陸軍的誰向德國大使舘武官奧特少將說明日方解決事變的條件，並要求德國出面調停，而這就是所謂陶特曼調停之所由來。

義大利於一九三七年十一月參加前（一九三六年）年年底成立的德日防共協定。日本、德國和義大利三國，不但要監視第三國際，而且對美英要採取一致步調，但日本、德國、義大利在中國，尤其是日本和德國的利害是相反的。近年來，對於漢堡的工商業，中國是良好的市場，而且以洪・澤克特將軍爲首的一批德國軍人擔任國民政府顧問，以指導其剿共軍事行動，由此可見，德國在中國的權益，這幾年來顯然的成長。對於德國來講，當然顧慮因爲中日事變而影響到她權益的消長，因此希望早日結束事變，而陶特曼大使的出面調停，我認爲就是基於此種原因。

中日直接交涉絕望

十一月中旬，由於上海一帶的戰局進展，勢必攻擊南京，國民政府遂決心大規模的持久戰，並宣佈遷都重慶，只把內政、外交、財政三部留在漢口，駐箚南京的大部份各國外交使節，都應國民政府要求移駐漢口。蔣介石將軍表明了將死守南京的決心。自拒絕英國的調停提議以後，沒有第三國再提出要調停。至此，中日直接交涉的希望似乎沒有了。

這時，駐華德國大使陶特曼和中國外交部次長徐謨，聯袂由漢口到南京，外電報導說，其目的在於斡旋中日間的和平。無需說，這是爲試探蔣先生對和平問題的意向而去的，但我覺得時間已經太晚了;這是十一月三日的事情。七日上午廣田外相收到了駐日德國大使特利克生的來信。來信說,有重要問題跟閣下談,惟因抱病,不能外出,所以很對不起,準備茶點恭候閣下來駕。廣田外相往訪結果,是調停和平的提議。

德國政府以日本政府的意思爲意思,令駐華大使陶特曼携帶以前所提和平條件與中國政府接觸,結果蔣介石將軍也因德國斡旋,「同意以日本所提出條件爲和平會談的基礎。」因此,以前所提出條件,是否有所改變?由於現在與當時的情勢有變化,如果需要修正,他願意把它再代爲轉達中國政府。

特利克生大使這樣說了以後,又說,以下是中國方面的和平前提:日本應該有恢復原狀的意思;和平條約當足爲中日將來友好關係的基礎;華北的主權領土和行政,必須完全確保在中國手裏。

根據特利克生大使的轉話,即時召開總理、陸、海、外四相會議,同意接受德國的調停,繼而擧行陸、海、外三局長會議,商討將要授意陶特曼大使的和平條件,結果在以前授意陶特曼大使的條件,加上要求賠償損害的一項而定案。日本政府認爲,對其在華權益不能受損,譬如燒燬日人在青島的紡織工廠等等,要求賠償是正當的。

廣田眞是不可救藥

可是，最不像話的是陸相的態度，亦卽四相會議決定要接受德國調停的第二天，陸相杉山（元）訪問外相廣田，說要拒絕德國的調停，並說首相也同意這樣做。杉山是隨陸軍內部的不統制而朝令暮改的陸軍大臣；而更令人驚愕的是，外務大臣廣田竟贊成了陸相的意見，「眞是不可救藥的大臣！」（我的日記）

不過，後來陸軍又同意接受德國的調停，這是海外兩省事務當局花費兩天工夫工作的成果。下一個步驟是，把三局長作好的條件案，呈上政府大本營聯絡會議和閣議，使其合法化。閣議沒問題，問題在於聯絡會議。

大本營與聯絡會議

大本營設立於十一月二十日，當然這是陸軍出的主意，海軍雖然反對，政界和財界也有異議，但卻終於照陸軍的意思成立。設立大本營以後，遂在所謂政戰兩略一致的美名之下，產生政府和大本營的聯絡問會議，政治外交等等，凡是與軍事有關聯的重要政務，都得經過這個會議纔行，而三省事務當局的和平條件自不例外。

出席聯絡會議的是，大本營有參謀次長、軍令部次長（海軍——譯者），政府方面爲總理、陸、海、外四相，內閣書記官長和陸、海軍務局長擔任幕僚工作。當時，兩位軍務局長已經更換，陸軍是町尻量基少將，海軍為井上成美少將。我奉命將三局長會議的結果，詳細整理後前往出席日本政府大本營聯絡會議，以說明和平條件，並說明經徵得廣田外相的許可。

大本營聯絡會議本來預定於十二月十三日舉行，惟因首相臨時有事，改於翌日下午在首相官邸召開。

我被喊進去會議室時，近衛首相坐在最上座，圍著圓桌子，從首相右邊起是參謀次長多田（駿）、軍令部次長古賀（峰一），陸相杉山、外相廣田、海相米內（光政）、內相末次（信正）、藏相賀屋（興宣），沒有看見書記官長風見；陸、海兩軍務局長坐在另外一個桌子；我被指定坐在廣田、米內兩相之間。起初我不認得坐在海相米內與藏相賀屋之間，着海軍上將衣服，個子矮小的人是誰，後來纔知道他是到任不久的內相末次。

和平條件已由秘書發給每個人，所以我遂開始說明。我說，這個案是從大局的觀點來擬的，但中國肯不肯接受還有疑問，隨即逐條說明。說明完了之後，接受詢問和回答，嗣後交換意見。近衛首相一直沒開口。支持原案者只有海相米內和軍令部次長古賀，並由多田、末次、杉山和賀屋等人提出異議而加重了條件。內相末次時或對坐在其旁邊的海相米內責問說：「海軍贊成這樣寬大的條件嗎？」「不需要在華南地區永久佔領一個海軍基地嗎？」被公認為和平論者的次長多田，主張加重條件，實在令我百思不得其解。我的上司外相廣田一句話也沒說。

我終於忍耐不住。於是我忘記除說明以外我沒有發言權的立場而爭論說：「這樣加重條件的話，我想中國是不肯接受的。」但沒人反應我的發言。

他們加重的條件如左：

在原案說不妨害中央化華北者，被改成要求特殊地域化；規定取消以塘沽協定爲首的諸軍事協定和翼察、翼東政府的原案全部被删掉；限定上海一帶爲南方的非武裝地帶部份被修正爲「中華佔據地」；原案以要求賠償中國故意損害日本權益者，變成得要求戰費的賠償；加上和平協定成立後纔要談停戰協定的一項；日本政府希望中國派遣媾和使節到日本，中國要不要與日本和平交涉，必須在年內回答。

條件加重無法媾和

這不是要中國投降是什麼？因此，列席者還沒站起來之前，我就對兩軍務局長說：「這無異是破壞！我們想辦法再召開一次聯絡會議好不好？」他倆答說：「一旦決定以後，要重新來是辦不到的。」我幾乎要流下眼淚來。此時，馬路上正在舉行着祝賀攻陷南京的提燈大遊行。我十二月十四日和十五日的日記有這樣的記載：

繼而有聯絡會議，我被叫進去做提案說明。賀屋、末次、陸相和參謀次長主張強硬論，我的大臣一言不發，終於通過陸軍案。眞是不可救藥！既然如此，案文怎樣也可以。惟有讓日本變進到碰壁，她纔會覺醒。

聯絡會議的決定案，又在閣議獲得通過，迨至二十二日，由廣田外相轉達特利克生大使。我當天的日記這樣寫着：

對德回答案，於下午六時執行。請德國大使到外相官邸，並把回答文交給他。外相與大使之間曾有問答。德國大使說，蔣介石恐怕不會接受這種案。不錯，蔣介石如果接受這種條件媾和，他便是傻瓜。

這些經過，不是我在場，而是事後外相告訴我的。德國大使說，年內所剩沒有幾天，要中國在年內回答恐怕有困難，結果同意延期到一月五號或六號。

停止和平交涉主張

一九三八年一月四日，特利克生大使向廣田外相與國民政府的接觸狀況做了一次中途報告，但還沒得到答應與否的確實消息。在這前後，軍和政黨的一部份，開始主張停止和平交涉，並與國民政府斷絕邦交。我對外相建議說：「以這樣加重的條件，我們不可能從中國獲得令人滿意的回音。和平在目前是絕望的，除非日本對事變束手無策和覺醒，實無由挽救時局。但這個時機將會到來，在這以前，『不以國民政府爲對手』也沒關係。關於這一點，我不跟你爭論。」

十三日，在閣僚午餐會席上，曾經非正式地決定在十五日之前中國如果沒回消息，將停止交涉，並採取下一個步驟。十四日下午，召開了內閣會議，討論是否不等中國的回答就要「不以國民政府爲對手」。

德國扮演信鴿角色

正在舉行閣議的時候，特利克生大使求見外相廣田。他倆會面於外務省，特利克生轉達中國的回答說，日本所提出條件不夠明確，希望能夠再具體一點。廣田遂在閣議報告它，閣議以中國的答覆是一種遷延手段，沒有誠意，而決定「不以國民政府爲對手」。

十五日上午，舉行政府大本營聯絡會議，繼而召開閣議。在前者，參謀本部仍然希望和平交涉，所以主張延期「不以國民政府爲對手」，但政府沒有讓步，將於十六日謝絕特利克生的調停，同時決定發表「不以國民政府爲對手」聲明。這是廣田外相當天晚上，從會議回來告訴我的經過。

十六日，廣田外相把聯絡會議的決定轉達特利克生大使，同時發表聲明。此時我倒覺得爽朗輕鬆和不再過問中日問題的痛快。

德國大使陶特曼的調停和平還有一個插曲，亦即得悉德國在從事調停的義大利，竟說也要參加一份；義大利不希望在中日之間，祇讓德國佔便宜。

日本對義大利說：「日本沒有什麼異議，請你們先去問問先着手的德國。」於是義大利去找德國。據說德國這樣答覆了義大利：「德國在中日之間祇扮演著傳信鴿的角色，而此時傳信鴿祇需要一隻。」

自事變以來，在陸、海、外三省之間，曾經就所謂「事變對處要綱」商定兩三次，每次都以嚴肅的字句寫着崇高的道義精神，但全成爲具文，因爲陸軍的所作所爲皆逸出要綱；譬如規定說「要尊重第三國的權益」，但現地的日軍却肆無忌憚地侵犯第三國的權益，日軍的上級並不能制止它。

御前會議日皇無言

陸軍當局主張說，要把綜合過去的「對處要綱」之所謂事變根本處理方針提出御前會議，這是一九三七年十二月的事情。起初，海、外兩省事務當局認爲沒有這個必要，但却終於接受了陸軍的意見。如此這般，一九三八年一月十一日的御前會議，就是基於陸軍這種要求而召開的。

自聯絡會議加重和平條件以來，我以目前和平無望，祇有靜觀情勢的發展，所以對御前會議毫不關心也不存希望，惟因奉命，遂以廣田外相隨員身份列席會議。

會議場所在皇宮大廳，出席者有大本營的參謀總長、軍令部總長、參謀次長和軍令部次長，內閣的總理、陸、海、外、藏五相，樞密院議長和其他隨員。大家恭坐於玉坐兩邊的桌子。玉座離開臣席大約五、六公尺，背向六曲的金屏風，面前有張桌子。時間一到，在大家最敬禮中，日皇着陸軍軍裝出現並就位。近衛首相司儀，廣田外相說明了議案。在微暗的光線之中，日皇把雙手擺在桌子上，而其手套顯得特別雪白。

誰說了什麼話，我已經記不清楚了。要之，他們使用極其美麗的辭句表示了贊成原案的意見。因此照原案通過，日皇始終沒有發言，在全體最敬禮中退席，會議不到兩個小時就結束了。

決定國家最高意志的所謂御前會議，是否都是這樣我不知道，不過這實在太呆板和太拘泥於形式了。現在我一點也沒有興趣去談那天所通過的「事變處理根本方針」，而祇覺得御前會議的光景，歷歷如在眼前。

日軍暴行怵目驚心

南京於十二月十三日陷落。跟日軍後面回到南京的領事福井（淳）的電報，以及繼而寄達的上海總領事的書面報告，眞是令人慨嘆不已；這些都是進入南京的日軍對中國人的掠奪、強姦、放火和虐殺的情報。由於憲兵人數不多，無法取締。據說，福井領事想制止而幾乎喪命。我於一九三八年一月六日這樣寫著：

上海來信，它詳報日軍在南京的暴行，掠奪、強姦，慘不忍睹。嗚呼！這就是皇軍？這是日本國民民心的頹廢，是很大的社會問題。

從南京、上海來的報告中，最殘暴的首魁之一是曾任律師而被徵召的某中尉，他令部下拖來女人，大幹強姦的勾當，其行徑實宛如魔鬼；如果對他說什麼，他便以槍刀威脅，危險萬狀。

我在三省事務局長會議時，常常警告陸軍，廣田外相也向陸相要求其嚴格軍紀。我相信軍中央一定告誡過第一線部隊，唯可能因爲暴行過多，而束手無策。我從沒聽過暴行者受過處分。當時留居南京的外國人所組織國際安全委員會向日本所提出的報告書，曾經詳細紀錄一九三八年一月底幾天之內所發生七十多件暴虐行爲，其中最多是強姦，連六十多歲的老太太和臨近產期的婦女都被強姦，這種紀錄實在令人看不下去。據說，爲整飭軍紀，當時曾派參謀本部第二部長本間（雅晴）少將到第一線，大概由於這種原因，所以暴虐事件遂逐漸減少。

而這就是「聖戰」和「皇軍」的眞面目！從那個時候我就把它叫做南京大屠殺，因爲這樣叫遠比說暴虐兩字來得更恰當。

日本報紙對自己同胞的畜生行爲雖然保持了沈默，但壞事立時遍傳千里，轟動海外，日軍卽刻受到應有盡有的指控。日本國民不但不知道這個民族史上千古的汚點，而且還在歌頌赫赫的戰果呢！（譯註四）

日本名人錄半公開

佔領南京後，日軍拿到所謂日本名人錄，並傳閱到我這裏來。這是中國外交部編的，上面寫着「最密件」三個字。它刋登着幾百個日本各界要人，不僅經歷，而且有人物描寫，蠻有意思，所以我拿回家去看了整個晚上。

通篇幾乎沒有誹謗的文字，對每個人皆指出其優點和長處，但有兩個人是例外，一個是土肥原（賢二）陸軍少將，它說明其攪亂中國之謀略工作的經過，並說土肥原通土匪原，爲中國人聽到他的名字而沒有不切齒扼腕者。另外一位是總領事須磨（彌吉郎），它非難其對華強硬態度，引用其在某處的演說，說他對中國這樣那樣侮辱。

此書的人物描寫，相當仔細而巧妙，譬如關於陸軍的渡兄弟，說他倆的下巴都很長，但弟弟左近中校的下巴比哥哥久雄上校的下巴還長；對於東亞局長桑島（主計）的評語是，他對人態度懇切，有如商人。這些好像都是從日本報刊取材的。

他們給我相當好評，它說：我做上海總領事，善處於日僑硬軟兩派之間，頗富政治手腕，又愛好運動比賽，因此有運動總領事之名。不敢當不敢當，我不禁發笑。

比諸外務省情報部編纂的中國人名鑑，衹機械地記述一些事實，幽默文字不多。

公然炸射英美軍艦

日軍攻擊南京的時候，拋錨長江的美國軍艦巴聶和英國軍艦　the Lady Bird　受到連累。巴聶軍艦因爲日本海軍軍機的過失且被炸沉。對於美國的嚴重抗議，日本政府平身低頭地道歉，並卽時處分了海軍的負責人。這時海軍的處置是很漂亮，沸騰一時的美國輿論，由之遂平息。

連日本小孩都關心這個事件，報紙報導說孩子們給美國駐日大使舘寫同情書，甚至於郵寄些金錢以爲撫恤之用。

這確出自童心的誠意嗎？對此我不無疑問。

此時，日本國民的腦筋，似有美主英從的想法，這種想法或許影響了小孩也說不定。

英國軍艦在蕪湖海面被橋本欣五郎上校的砲兵隊砲擊，英國也向日本政府提出嚴重的抗議，但陸軍却不坦誠地承認其非，而強詞奪理地虛構事實說，英國軍艦使用煙幕，收容中國殘兵纔受砲轟。惟陸軍終於反對不了對英國的謝罪，但對於這個事件的負責人橋本還是不能染指。十二月底，我爲確定對英國謝罪文案到陸軍省的時候，我責問他們不敢處分橋本，對此，軍務局長町尻（量基）說，由於陸軍內部的情勢，無法處分他，要我能諒解。

一個預備上校，竟使陸軍不得不對他有所顧忌，由此可見橋本橫行霸道的威力。

宇垣接任外務大臣

一九三八年二月二日晚上，前大使小幡請我前往三菱公司江口定條主辦的懇談會講演中國問題。場所在一橋如水會舘內的香村寮，來賓以宇垣（一成）上將爲主賓，以及前大使小幡、林（久治郎）、陸海軍的退役將軍林（彌三吉）、原（勘）（非全名）、工藤（豪吉）和水野梅曉和尚（譯註五）等人。初次見到宇垣上將的風采，使我彷彿想起曾在墨西哥謁見的奧布勒崗總統背影。

大家在一個很別緻但不大不小的日式房間，邊吃酒菜；主辦人江口對我說，這些人是絕對不會洩漏的，所以請你毫無保留地談談你對事變的意見。

首先我說明了自事變以來，至「不以國民政府為對手」聲明之近衛內閣因應事變的變遷內幕，首相和主要閣員的沒骨頭，加重和平條件，而失去陶特曼調停之政府大本營聯絡會議的愚蠢等等；並說，除非日本深陷泥沼，進退維谷，超越「不以國民政府為對手」，日本自動向中國伸出和平之手，沒有解決事變的道路，而我相信，這個時期不會太遠，屆時最需要的是有勇氣超越「不以國民政府為對手」的政治家。

宇垣上將等曾提出各種問題。由於酒勢，我的語氣相當激烈，並盡情地說了我想說的話，我們於十一點鐘左右散會。

從去年十月，內閣設立了以參議構成的諮詢機關，宇垣上將也是其中的一員，但關於事變的政情內幕，政府似乎告訴他們很少。

可是，幾個月以後，宇垣上將却接任了外務大臣。

南北政府要比高低

關於要把中日事變當做一個事變來解決，不使它變成國際法上的戰爭，在華北和其他地區，不製造第二個滿洲國，在佔領地不施行軍政這三點，陸、海、外事務當局之間早有了解，陸軍也沒有意思去破壞它。惟隨佔領地域的擴大，需要產生擔任該地域內行政的中國人新機構；因為如治安維持會這種自衛團組織，已經不夠用了。

由於此種當前的需要，和現地佔領軍的工作，於一九三七年年底，王克敏在北京組織了「中華民國臨時政府」；翌年三月，梁鴻志在南京成立了「中華民國維新政府」。這兩個「政府」的創立計劃，一直由陸、海、外事務當局會議來討論，並根據其結果予現地軍以必要的訓令。我沒有與陸軍爭論樹立這兩個「政府」的事，當然我知道這兩個「政府」將成為現地軍的傀儡，但不管它們是不是傀儡，我覺得有總比沒有好。而且，這種「政府」將來與國民政府之間實現和平時，要取消並不會有什麼困難，要緊的是不要出現第二個滿洲國。這是我的基本立場。

當時最滑稽的是南北兩「政府」間之「比高低」。北方自任其為前輩，南方說它中原在握。這個「比高低」的意識，妨害了南北的和諧；而這無異是其背後日軍彼此之間的對抗意識。

興亞院成大東亞省

一九三八年伊始，內閣方面所謂東亞事務局設置論抬頭了。它的意思是說，在戰局擴大的今日，以外務省單獨的力量，已經不可能處理事變，因此應該設立直屬首相的對華中央機構，集各方面人才，以專心處理事變。

迨至一月底，由內閣分發來了企劃院起草的東亞事務局設置案。外務省局課長會議以不應當承認將破壞外交一元化法制而一致反對。我把這意思報告廣田外相，並建議他萬一類似企劃院案提出閣議的時候，請他防止其通過。與此同時，由東亞局和調查部研究對案，以對抗企劃院案，並與內閣當局一再商討。不知道是自動的還是被動的，企劃院案的頭子竟是從外務省參與官榮陞法制局長官的船田中。

於正在召開的國會，議員要求設立對華中央機關；而更壞的是不但近衛首相傾向於設置中央機關，而且廣田外相很想儘量把處理事變的責任推給旁機關，以圖一身輕。於是次官堀內、調查部長米澤和我，遂爲前鋒常常建議廣田外相，但每次討論這個問題時，都被廣田溜掉了。有天晚上討論完了要回家路上，次官堀內感嘆說：「我們的大臣腦筋眞好。」

要之，我們的建言奏了效，廣田外相請首相不要予國會的質詢以明確的答覆，閣議也沒有提出這個議題，而至於廣田外相的辭職。

往昔，企圖征服日本的元世祖，根據歷史記載，曾經設立過「征東行省」。我認爲，中央機關設置案，就是征中國行省。我一九三八年三月二日的日記這樣寫着：

在下午的國會，與船田法制局長官會談，議論「東亞省」問題。船田的想法是佔領想法，跟我完全不同；如非打破此種謬論，中日將永遠敵對。爭論一個小時有餘。

這個想法，後來成爲興亞院，更變成大東亞省。

陸軍中校叱責議員

那年春天的國會，很是不平凡。二月十七日晚上，政友、民政兩黨本部受到要求取消政黨的防共護國團六百個團員的襲擊，據說其背後有法相鹽野（季彥）和內相末次。二十四日，國家總動員法案出現國會，當然此乃陸軍動的腦筋，這是必要時爲動用統帥權，準備犧牲國民一切自由的大法案。這個法案一提出，衆議院頓時譁然，這是我親眼看到的。

三月三日，在審查這個法案的委員會，以說明（法案）議員身份列席的陸軍省軍務課員佐藤（賢了）中校，竟對議員的討論大訓「住嘴！」當場引起軒然大波，但翌日由陸相道歉了事，可是對佐藤中校却沒有予以任何處分。堂堂一個國會，就是在委員會，竟受到一個陸軍中校的叱責，的確是史無前例的侮辱。話雖如此，衆議院更唯唯接受陸軍大臣的道歉，並通過了這個法案。惟這個法案是，必要時不僅是國會，而且也要全國國民「住嘴」的法案，所以衆議院的一個委員會被責「住嘴！」實在也沒什麼稀奇。可惜這時我沒有在場。

如此這般，國家遂日暮途窮，乃至於死亡。

廣田辭職走馬換將

一九三八年五月底，近衞內閣改組。廣田、賀屋、吉野三相辭職，宇垣上將接任外相，池田成彬接掌大藏兼任商相。很久以前就有首相以廣田一點也不抑制陸軍而討厭廣田的傳說，我想這可能是事實。但首相本身却更是「唯命是聽」陸軍。我對於廣田的辭職毫不覺得可惜，可是對首相的心地却感覺非常不愉快。

廣田辭職時，外務省內部有擁護白鳥（敏夫）出任次官的運動，這是所謂革新派一羣年輕事務官的策動。他們雖然口口聲聲說要革新外務省，實際上是想擁護其頭目白鳥做次官，以便壟斷外務省的法西斯派。他們似也活動內閣和軍部來擁護白鳥，但宇垣新大臣還是維持原來的人事，惟他任命了佐藤（尚武）和有田（八郎）爲外務省顧問。

宇垣上將之接任外務大臣，實在是很意外，與此同時，我也覺得有點不安。因爲他的確是政界的大人物，雖然被軍部所討厭，但究竟還是軍人出身，對中國問題不知道他做何種想法。

宇垣一上任，爲了說明我主管的業務，我便到大臣辦公室。由於以前在香村寮見過面，所以我們談得很融洽。我對他說明事變的現況後，很懇切地請他能超越「不以國民政府爲對手」，並說這個時期已經逐漸接近。

宇垣外相說：「你說的很對。近衛首相要我接掌外務省的時候，我問他是不是要我做井伊掃部頭（譯註六），他說是，於是我答應。我告訴他我可能要推翻一月十六日的聲明，可不可以，他說一切任我去做。因爲這樣，我纔接下外務省。因此就是犧牲生命，也決心要解決事變。」

我說：「大臣既然有此決心，就是水火之中，我也要追隨到底。但要突破這個聲明，我們得覺悟被圍攻外務省。」

他說：「當然。」

我以否極泰來的心情走出了外相辦公室。

幾天後，我和調查部長米澤等幾個同事，向大臣說明對華中央機關問題直到現在的經緯，並請他能堅持外交一元制度，他說他將照我們的意思去努力。

宇垣新外務大臣到任不到十天，不止我一個人覺得外務省內空氣新鮮和開朗；而外相之聘請佐藤和有田爲顧問，不外乎是爲了重建正確的外交。

事變對策書呈大臣

我想把我說明我所主管業務的時候，向大臣披瀝對事變觀予以更詳細化，以供大臣施策之用，於是寫了「對今後事變之對策」的長篇意見書，呈給大臣。大臣說，他曾經花了幾天工夫細讀了它，並說我的意見和他的看法相同。他更說，近日中將召開五相會議（總理、陸、海、外、藏）以檢討事變對策，他要各有關大臣看這個文件，因此我準備所需份數交給了大臣。爾後，他說：「在五相會議中，對那個意見書，有人提出異議，所以沒有結論，但我却斷然說我要這樣做。」

這個意見書是我對事變、對中國和對華方針的見解，至今仍自認爲俯仰天地於心無愧的文字，

惟過於長篇，故不擬引述。（譯註七）

陸相板垣謊報軍情

一九三八年七月，發生於蘇俄、滿洲國境的張鼓峰事件，乃屬於歐亞局的主管，但根據我所知道，現地日軍雖然與蘇軍正面作戰，可是軍中央却並不希望擴大事件。當時繼任杉山而為陸相的板垣，希望外相宇垣以外交交涉來解決，而且正在莫斯科進行外交交涉的時候，板垣突然往訪宇垣，要宇垣同意以武力解決事件。宇垣以如果是外交交涉破裂，自當別論，但正在從事交涉時怎麼可以武力來解決，而予以拒絕；可是板垣竟以宇垣也同意，而上奏武力解決。不過據說這個謊言卽時露出馬脚，而使日皇非常不高興。板垣仍然是隨陸軍省內部意見的轉變而見風轉舵的陸相。

此時，陸軍省的人曾經對我這樣說過：「我們的大臣與宇垣大臣，簡直是小巫之見大巫，不但是大前輩與後輩之威風的差異，而且腦筋也不同。在內閣會議，我們的大臣常常被宇垣大臣駁倒，因此陸軍省內許多人很不以為然。」

密謀要誘出汪精衛

宇垣在漢口淪陷之前，就有欲從事和平工作的想法，而正當此時，亦卽六月二十六日，駐香港總領事中村(豐一)來電報說，孔祥熙的心腹蕎輔三秘密地求見中村總領事，想瞭解日本的和平條件。這是孔祥熙的指示，他們所想知道的是，要求蔣先生下野是否也爲和平條件之一。蕎輔三的背後關係是可靠的。中村要求即時予以訓令。無疑地，這是重慶和平派對於宇垣就任外相的反應，是達成和平的良機。

宇垣很熱心，親自擬撰對中村總領事的訓令稿。但問題是，蔣先生的下野是否也是和平條件之一。大臣寫的訓令稿有以蔣先生的下野爲條件的文字，所以我力爭說，如果這樣，根本就不可能談和。大臣說，最後將不以蔣先生的下野爲條件，但爲了應付國內的反蔣感情，不得不這樣做。我們妥協結果，對中村總領事做了這樣的訓令：「日本國內對蔣氏的反感相當強。關於其下野是否爲條件，現在不要即時決定，俟日後商議，可就其他各點，與蕎氏進行會談。」

以這爲起點，中村和蕎氏開始會談。惟祇以電報往還，不能盡意，故亦曾電命中村回國，由大臣直接予以訓令。並且決定：中村、蕎會談如果到某種程度時，孔祥熙將秘密來九州雲仙，與宇垣面商。

幾乎與宇垣和平工作的同時，傳出軍務課長影佐(禎昭)從香港請來亞洲司長高宗武，密謀要誘出汪精衞的情報。我以爲，汪精衞不至於笨得爲影佐騙出重慶；可是，不久竟證實了這是我對汪精衞的評價過高。

八青年倡皇道外交

宇垣就任大臣後，便與英國大使克萊基開始會談。這是應克萊基大使的要求，欲調整因事變所產生的新局面和英國在華權益而舉行的，當時它稱爲宇垣・克萊基會談。

此時，外務省的八個年輕事務官，在「欲知道宇垣大臣的世界觀和外交方針的要求」下，週末訪問靜養於大磯的宇垣大臣，聽他的意見，同時表示他們的看法。這八個人是：東光（武三）、三原（英次郎）、中川（融）、牛場（信彥）、青木（盛夫）、甲斐（文比古）、高瀨（侍郎）和高木（廣一）。

換句話說，他們緊迫大臣的外交方針是什麼，和說明他們的立場。

關於會談的詳細內容，這裏無法盡述。首先是就大臣在外交上的抱負有所問答，然後事務官們提到人事問題：

> 今日閣下縱令眞的具有大方針，以目前外務省人事，決不可能實現它。今日的局勢已經很迫切，更改關鍵，乃爲燃眉之急。

繼而他們高倡所謂皇道外交說：

> 處在攻擊漢口的前夕，爲「消滅蔣政權」、加強防共樞軸，以及消除在華英國、法國和蘇俄的政治勢力，帝國外交現在應該出於斷然的措施；可是最近大臣與某大使的交涉，

却使生等深爲憂慮。同時生等做爲奉行宣揚皇道之前鋒的外務省官員，正在研究皇道外交應當依何種綱領方針實行，並且擁有名叫皇道外交的一連串根本策論。

又說：

基於上述宣揚皇道的思想，此時在東亞，實不必與盎格魯撒克遜做姑息的妥協。（生等）認爲不但絕不應該與蔣介石和國民黨政府和平或妥協，而且相信在國會或其他場合，政府與公然說要援蔣的英國政府代表會談，乃日本對世界示弱，因此，（生等）認爲，有百害而無一利的日英商議，自應即時停止。

就宇垣大臣來講，這簡直是與孫子輩的會談，但對於以上主張他却很懇切地一一予以答覆，

最後說：

歸根到底，我這個老生之所以出馬，乃是爲了實行國民的希望，希望早日停止戰爭，我相信你們是知道這一點的。它的方針，將在五相會議決議，以定爲國家的意思，希望等到那時；至於一月十六日政府聲明的方針，目前自該遵守，但將來隨情勢演變，或會變更也說不定，你們應該記住這一點。

說罷，大臣便離開，會談至此結束。

這些事務官曾把這天的會談內容，以備忘錄方式印出來，在外務省內部分發。上述的話，就是它的引述。一直不清楚那些人是所謂激進事務官的我，至此纔明白誰是誰，並瞭解了他們思想

的輪廓；是以大呼外務省的革新，高論皇道外交的他們，可以說是外務省的靑年軍官

這些革新事務官的衆望所歸是白鳥，在這中間，有宛如頭目的前輩事務官和課長級的人物。據說，這些人與軍的一部份人有聯絡，但我不得其眞相。此種外務省的內亂，也算是時勢的流行病。

日後，從這些事務官之中，出現狂信的德日同盟論者和醉心德國者，並且學陸軍口吻，竟驕傲說不奉皇道外交者將予以幹掉。

宇垣掛冠大勢已去

宇垣就任外相後不久，欲設立中央機關以處理事變的主張又死灰復燃。如前面所說，他的內容是，要令直屬首相的這個機構，集中處理事務的權限，以不僅削弱外相的權限，而且在佔領地也要設置其分機構，以處理當地當前的政務。它的主要提倡者，開始是法制局和企劃院，後來陸、海軍也參加。當時陸、海兩省軍務局的柴山、保科兩位課長先後調出去，影佐和岡兩位上校取代了他們。影佐和岡大概認爲，祇要攻下外務省東亞局長，一切可以迎刄而解，所以他們便採取共同戰線，常常想來說服我。影佐說，如果設立對華中央機構，使其專辦有關事變的工作，我將令第一線軍隊完全罷手當地的政務，這是軍的希望，假若不相信，他願意寫字據給我。我以向他拿字據也沒用，而堅決反對。岡對這件事非常熱心，看我不肯同意，遂與宇垣直接交涉。但宇垣

的態度，却比我們更爲堅定。

當然，外務省並不祇在反對而已。調查部長米澤和東亞局，以處理事變的最高權限保留給外相爲前提，做了幾種妥協案，與法制局和企劃院折衝，但都沒能獲得結論。

這時，內閣以陸、海兩省爲後盾，準備於內閣會議提出其所制定的設置中央機構案，一下子予以通過。無疑地，這是近衛首相所同意的。這個案在閣議一提出，宇垣外相勢將陷於窘境，應該怎麽辦呢？乃於九月二十九日上午十時正，在外相辦公廳由宇垣主持舉行了一次主管會議，佐藤、有田兩位顧問、次官、各部局長全部出席。首先由與內閣常折衝的米澤調查部長說明經過和內閣方面的緊張情勢，然後許多人提出了各種意見，但沒有結論。因此由我做總結說：「情勢既然這樣，祇有請大臣裁量，在閣議妥善處理。」

靜聽着的宇垣，說「好」而站起來，就這樣散會。

站起來當時的宇垣的臉，有很特別的氣色，因此我遂到顧問室說，大臣的形相不尋常，請能忠告他冷靜。有田顧問說：「大臣是身經百戰的老將，不會錯的」，而拒絕我的請求。

爾後，不到一個小時，從內閣竟傳來了宇垣提出辭職的消息。宇垣似乎散會後就去參加閣議。好像大台柱斷掉的感覺，瞬間，我面前變成一片黑暗，對我來講，大勢已去。

翌日，我與次官堀內商量結果，負起輔弼大臣不力的責任，而提出辭職。我就任東亞局長的後半段，因得以宇垣爲上司而有涸轍之鮒甦生之感。我把解決事變的希望寄託於宇垣外相的決心和政治手腕，而孜孜地工作。他常常採納我的意見，我認為宇垣是非常時期的好大臣，這個大臣走了，我還幹什麼東亞局長？

十月三日，宇垣前外相和近衛兼外相對外務省全體同仁的移交訓話後，我面謁宇垣，報告我的失望和提出辭職的心情。

宇垣答說：「本來約定要由我解決事變的，現在竟要削弱我的權限，這種近衛內閣，我無法待下去，請能瞭解我的心境。」眞是可惜的大臣。

白鳥終於趕走石射

堀內次官和我辭職後，堀內被派為駐美大使，我出任荷蘭公使。第一課長上村也討厭留在東亞局，因而請調英國。後任次官和東亞局長各內定為澤田（廉三）和參事官和栗原（正）駐羅馬尼亞公使。這時，有這是尚未赴任，人還在東京的駐義大利大使白鳥所出主意之人事的傳說，因此報紙把它評論說：白鳥趕走了石射。

一直到十一月初，繼任的栗原回到東京以前，我還是名義上的東亞局長。據傳，近衛首相邊找專任的外相，並對前次官堀內說：「專任的外相，誰都可以。」面對這種局勢而竟說這種話，誠屬無可救藥的首相。近衛接受白鳥的建議，擬請駐美大使齊藤（良衛）接任外相，而被齊藤拒絕也是在這個時候；最後出現了有田外相。

前次官堀內與新次官澤田辦理移交時，各局部長和大臣官房課長都被請到次官辦公室，我也去了。由於大家都熟的不得了，因此堀內祇說非常謝謝各位，可是新次官澤田却竟對大家訓起話來，他詳細說明了時局的困難和需要非常的決心之原因。它可以說是一場演說。我聽得正在發呆時，岸（倉松）秘書打我屁股，以我是局部長中最資深，而要我致答辭。我雖然覺得沒意思，但又不得不說話。於是我說：我們將遵照尊意，好好去努力。這種說法類似陸軍的形式主義，而覺得有些不是味道。

十一月九日，我被任命為駐荷蘭公使，隨卽到中國大陸去旅行。從立川（在東京郊外—譯者）直飛北京，參觀天津、青島、上海、南京後，於年底回到東京。從北平起飛時，飛機曾經失事，但沒什麼損害。除王克敏、梁鴻志外，我見了許多中日兩國朋友。北京東單牌樓的所有小巷，到處都是日本料理店，晚上絃歌四起。這個景況，似在破壞古都北京的幽雅。上海公園橋，對站哨的日本兵敬禮後纔能通過。這雖然是走馬看花式的視察，但映在我心目中的中國民衆都沒表情，惟有日本軍民過著享福的日子。

跳流浪舞得罪藝妓

我在東亞局長任內，升為勅任（相當於中國的簡任—譯者）一級，薪水也隨之而增加，但還是過着過一天算一天的生活。家人的食衣住行都很樸素，當然談不上避暑、洗溫泉等享受。房子仍然是我擔任移民課長時代的陋屋。因爲屋子太小，所以晚上如果有不速之客，則得趕緊把鋪好的被子疊起來，以接待客人。我主張增建房子，但內人以爲看家的是她，這樣就夠用了，而始終不肯同意；等到幾年後我出任駐巴西大使時，纔連接著舊屋新建了客廳。

在這個期間，我唯一的享受是打高爾夫球。星期天，有時候跟幾個同事到印旛沼（在千葉縣—譯者）六實高爾夫球場去打球。不知道是誰的提議，回途曾經兩三次到向島的料亭去，與藝妓跳跳下流的流浪舞。

有一次，由東亞局出面，招待了從上海、南京回來的幾個軍人，我做主人，在新橋山口（料亭名字—譯者）設宴，作陪的都是外務省熟識的第一流新橋藝妓。可是，她們却一點也不熱鬧，我覺得很不過癮。

這時我想起了向島的藝妓。我與上村第一課長商量後，打電話請她們來。她們來了之後，毫無遲疑地跳起流浪舞，賓主都相當盡興，但新橋的藝妓們却似乎很不高興，加以我又稱讚向島藝妓的款待，我有些醉了。

向島的藝妓走了之後，新橋藝妓中年輕而漂亮的一個頭子，竟鄭重其事地面對我說：「石射先生，您把新橋當做什麼地方？把這種人叫到這裏來；您根本就沒有資格來新橋玩，以後請您不要再來。」我不記得她的名字了。這時她的態度很兇，柳眉倒立。

我說：「不要那麼生氣吧，這是一種餘興而已。」

她說：「不可以，請您以後不要再來了。」

大家頓時肅靜下來；其他的藝妓一句話也沒說。

「我來新橋是爲了工作，自己想來也來不起，所以請妳不要那麼兇好不好。」我半開玩笑地這樣說，以便轉變話題。

可是，她仍然堅決說：「不管是爲工作還是爲什麼，我不要您再來，請千萬記住！」

我被她講得沒話可說。我很後悔把向島的藝妓，叫到全日本最具榮譽心之新橋藝妓的宴席，但已經來不及了。這時，我眞的被責備得啞口無言。

這個藝妓看我不再講話就走了，但宴席却變得冷冰冰，酒味是苦的；那天晚上的宴會很是糟糕。

我以很沒有面子的心情離開了這家料亭，但與此同時，也很佩服新橋藝妓的個性之強及其自尊心之高。

從此以後，我應邀赴宴，跟她又見過幾次面，但她却始終沒跟我說話。

我每次看到她時，則總覺得我犯禁來新橋，而有些自卑感。

取道爪哇赴歐履新

既然要赴荷蘭履任，自應該看看印尼。我於一九三九年二月上旬，隻身由東京出發，從神戶搭乘南洋海運公司輪船南下，經由萬鴨老（Menado）、孟加錫（Makassar），在泗水下船，由領事齊藤（音次）陪同，考察觀光其附近幾天。

爾後西行，在三寶壠（Semarang）一宿，總領事馬瀨（金太郎）在巴達維亞接我。在這期間，與總督和有關當局交換意見，參觀茂物（Bogor）、萬隆以後到新加坡，搭乘開往歐洲的郵輪照國丸。

二十天的爪哇旅行雖然很熱，但却非常愉快。由於考察印象與本文主題沒有直接關係，因此暫時不談，但我却要說爪哇的風光比日本還漂亮，因爲是火山地帶，所以有好幾座「富士山」，祇是沒有雪而已。

爪哇到處都是很好的柏油路。我到爪哇的二、三年前，經過臺灣時，基隆與臺北之間還沒完成柏油路，那時候同樣是殖民地，就有這樣大的不同。

新加坡以西的航海，對我來講是初次。卑南的蛇寺、錫蘭甘地的佛跡、亞登（Aden）、紅海、開羅、金字塔、那坡里、潘沛依（Pompeii）。在那坡里，我收下大使堀田（正昭）留下來的沼田廚師夫妻，經由馬賽、直布羅陀（Gibraltar）、卡撒布朗加（Casablanca），而到達倫敦。大使是重光（葵），因爲希特勒而失去駐剳國家的駐捷克公使藤井（啓之助）待在這裏。

十年沒來的倫敦，大使官邸和大使舘辦公廳跟以前一樣，主要街道也沒有太大變化。海德公園的草地，挖有些防空洞，告訴我們她的時局。

花費幾天買買東西後，於四月五日從哈威吉（Harwich）渡海到佛拉辛根（Vlissingen），由前來接我的書記官萩原（徹）陪同，當晚八點鐘左右抵達海牙。海牙雖然已是初春，但天氣却還是很冷。

（譯註一）關於這個問題，請參閱傳記文學社出版，李雲漢著「宋哲元與七七抗戰」一書。

（譯註二）宮崎龍介是律師，是中國革命之友宮崎滔天的公子。譯者曾譯其「宮崎滔天與『三十三之夢』」一文，收於大林出版社出版，陳鵬仁譯著「孫中山先生與日本友人」，及正中書局出版，「宮崎滔天論孫中山與黃興」二書。

（譯註三）關於這件事，請參閱衞藤瀋吉著「東亞細亞政治史研究」一書，第六章「對華和平工作史」。

（譯註四）關於日本兵在大陸殺我同胞的種種，請參閱黎明文化事業公司出版，陳鵬仁譯「鐵蹄底下的亡魂」一書。

（譯註五）水野梅曉，曾經爲辛亥革命盡過力。譯者介紹過他的「孫逸仙在長江一帶的聲望」一文。此文收於黎明文化事業公司出版，陳鵬仁譯著「論中國革命與先烈」一書。

（譯註六）井伊掃部頭就是井伊直弼。江戶幕府大老（掌理政務），一八五八年，與簽訂美日友好通商條約，後來因爲鎭壓尊王攘夷派，在江戶城櫻田門外，被水戶、薩摩的浪人暗殺，是爲史上所謂櫻田門外之變，時爲一八六〇年三月三日。

（譯註七）這篇文字，就是「我對於收拾中日事變的意見」。

（原載一九八四年九至十二月號「中外雜誌」）

我對於收拾中日事變的意見

（執筆於民國二十七年六月）

壹、事變對策的回顧

要討論今後的對策，我認爲應該先弄清楚到現在的來龍去脈，而對於外務省工作者來講，這雖然是自明之事，但爲了方便於行文起見，我還是先來回顧自本年初以來，對於事變的處理經過。

一、本年一月十一日御前會議時，德國政府自告奮勇出來扮演調停中日兩個政府間的角色，這時對於曾由日方告訴德國大使特利克生有關媾和交涉條件，中國方面該有某種答覆的時候，而前述御前會議所決定的「支那事變處理根本方針」，是從和與戰兩種角度來起草的。其所以一方面有「中國現中央政府，此時如反省、回心轉意，以求和平，……當謀取事變之解決」，另方面有「中國現中央政府如果不求和平時，從今以後，帝國將不期待以其爲對手解決事變」的說法，理由在此。可是，中國應有的答覆，遲遲未到，因此日本政府以中國不會有誠意的答覆，而採取後者「不求和平時」的態度，並於一月十六日，發表「今後不以國民政府爲對手」的聲明。（當時，日本表面上的輿論，以此聲明爲一種「英斷」而予以支持）。

二、所謂「不以爲對手」，應該是不與國民政府談判和平的意思，其意義不可能有兩種，惟其用語本身很通俗，令人感覺有些通融性，所以日後似給國內外人士，或會與國民政府談和的一點意味；可是後來在國會等場所，近衞首相、廣田外相以及其他政府當局者，先後說明並強調「不以爲對手」是否認國民政府，就是國民政府要求談和，也絕不與之談判，因此「不以爲對手」的絕對性，遂成爲世上的常識；甚至於以國民政府爲蔣介石所領導，所以「不以國民政府爲對手」就是「不以蔣介石爲對手」的意思。（首相、外相的這種說明，又獲得表面上輿論的稱讚）。

三、自「不以爲對手」的聲明以來，日本政府對國民政府的方針，也就祇有走上前述根本方針所說，「對中國現中央政府，帝國將採取觀其毀滅，或迨至其收容於新興中央政府之下的長期持久的政策」之一途。爲達到此目的，便運用所謂政戰兩略。在戰略方面，除再三地空襲敵人的諸據點外，逐次攻擊山西南部，佔領厦門，徐州會戰，轟炸廣州，包圍鄭州，最近更正在完成進攻國民政府之陣地中心漢口的陣形。據說，國民政府因爲抵擋不住，已經準備遷至雲南，戰略誠有相當功效。其次，我們來看看政略的運用結果如何。

四、無論如何運用政略，要把國民政府一舉打倒，自始就是不可能之事，因此爲使中國人減低戰意，在中國國內和國際關係上，造成這種情勢，自可以做各種工作。現在，我們來看這些工作的經過，並檢討其將來性。

㈠去年十二月十四日，以抨擊國民黨，中日親善為號召而出現於北平的臨時政府，以及今年三月二十八日，降生於南京的維新政府之為國民政府不愉快的存在，乃是不可否認的事實，尤其是維新政府之不隸屬於臨時政府，另起爐灶，在其中實有擁護唐紹儀之類的中國元老，建立新政府，以威脅國民政府的意圖。而不管臨時政府還是維新政府，其成立並不基於中方人士的政治熱情，其構成份子更是同床異夢，這兩個政府既無權威，亦無魄力，不但對國民政府不構成威脅，反而變成日本內部糾紛的原因。所以，除非這兩個政府名符其實地在中國民間生根，兩者合起來仍然不能成為太大的威脅。

㈡汪精衛、何應欽、張群、孔祥熙等，中國內部的所謂知日派，據傳有嚮往和平者，因而有拉攏這種有力份子，予國民政府以重大打擊的構想，或者，令事變前猶若蔣介石之一大敵國的廣西派的李（宗仁）、白（崇禧）再事反蔣，甚至於引誘不喜歡自己地盤被中央化的將領於日方，以擾亂抗日戰線等工作，任何人都可以想到的事，但中國現役政治家和將領，都因為他們的大義名分，或者與蔣介石的以往關係，或為自己一向的抗日主張所束縛，而無由與日本通款。（譬如汪精衛假若要投靠我方，必須與為其政治生命之泉源的國民黨斷絕關係；何應欽與張群要與國民政府分手，得違背多年來蔣氏對他們的信賴；李、白此時如果要反蔣，他們勢非拿下他們多年來的抗日招牌，出賣國民不可。而這些事，將為他們帶來什麼後果，他們自己知道的最清楚）特別是，要他們走向我方，其前提當為我們應該把我們的底牌明白告訴他們，因為熟悉臨時、維新兩政府之爲日本的俘虜，以及今日滿洲國之爲誰人的滿洲國的漢口要人，必定深怕踏前車之覆轍，成爲中國有識之士的笑柄，因此要他們響應日本的勾誘，或策劃其自動與國民政府分手，另樹一幟，他們對日本所求的是，「不把你們當做傀儡」的負責的諾言，而這個諾言，如果是兩種三種，而且搖擺不定，則無論如何工作都無濟於事。基於此種觀點，外務當局以爲，參與此種政略，實有害無益。張群的部下袁良，前幾天曾在上海對我方某人說：「從中國人來看，日本的作法是舍本逐末。日本祇急於製造政權，不先解決要令這個政權做什麼事的問題。先造政權，作爲「傀儡」，如果這樣，有心的中國人士是不會來的」。我想，我們沒有任何方法能夠推翻他這種說法。陸軍方面，作爲戰略的一端，是很用心於政略（及謀略），上次太原特務機關，說是策動閻錫山成功了，但以後毫無消息，是否因爲沈維敬介乎其間。又本年二月初，據說花費大約三十萬元擾亂廣州，如一場焰火，而且祇有加強中國方面提高警覺的反效果。今年五月中，據聞雲南的龍雲派唐繼堯之子爲密使，與王克敏通款，這是漢口淪陷後，蔣避難的一個措施，我不以爲在蔣介石用心佈置的雲南，有開始反蔣運動的機會。我相信這是龍雲預測蔣之沒落，預先買期貨，以免損失的保身之計謀，他絕無呼應華北和倒蔣的膽量。

㈢有人認爲，破壞法幣以搞垮國民政府的財政經濟，是一個政略的巧妙手段，但外務當局却以破壞法幣，對日本有害無益。國民政府因爲一九三五年的幣制改革，自實行銀國有，停止紙幣的兌換以來，不斷地將國有銀輸往英國或美國，做爲國外資金，供政府及民間購物之用。這個資金究竟有多少，雖然不得而知，但大家都說在五億元上下，我相信，這個數目是相當可靠的。（自事變以還，國民政府不斷地經由香港輸送銀，最近香港總領事來電說得很清楚）這筆在國外的資金，其大部份或一部份，與做爲法幣準備的同時，實爲國民政府的生命線，因此如果法幣受到攻擊，其在國外的資金可能發生問題時，國民政府將少賣外幣，以防攻擊（一如今日上海的統制滙兌），甚至於實行切斷法幣與地方貨幣的關係。由之法幣貶值，或變成廢紙，民衆勢將陷於塗炭之苦。至此，中國人的「達觀」將發揮其威力，不會造成嚴重的社會問題，破產的破產，做乞丐的做乞丐，一直到沒有現銀，政府還是能夠繼續存在下去，這是中國「下等動物的不死身性」之所該然。如果這樣，因爲法幣崩潰，中國人的購買力減低，我對中國的輸出勢必江河日下，而隨日元勢力圈在中國的擴大，將陷於動用資本金分紅的貿易，到時則非取締對華輸出不可，有如今日對華北輸出的情況一樣，所謂兩頭都落空。

㈣其次關於一般的對外工作所能做的是，日本應該把眞意告訴諸外國，使其具有正確的認識，雖然不能因此而完全一掃事變以來其對日本的壞感情，至少可以緩和，以改善日本的立場，從而減少他們對中國的同情和援助。爲着這種使命，自去年冬天以來，自薦他荐的說客，分別到各國去遊說，但其結果實不堪言談，這不是說客不得其人，而是日本本身除自我辯解之外，沒有能使對方接受的時局哲學所導致，因此說客再長於辯才，其無從令歐美「敬聽」，自屬意料中事，是不得已的。

(五)從去年十一月以後，因爲所謂防共樞軸，與日本成爲「親戚關係」的德國和義大利，起初被懷疑其誠意的義國，一再地對日本表示好感，並公開說討厭中國，自是好事，但其對日本好意之所以無實感，乃她也在拍國民政府的馬屁，實一隻脚踏着兩條船。至於德國，自始就邊裝傻邊增強中國的抗戰力量，日本以爲太過份，提出責難，所以到最近才停止賣武器給中國，並將撤回在中國的軍事顧問。德國勉勉強強地採取了這些措施，而且，因爲停售武器，竟向日本提出對中國貿易所損失一億幾千（萬）馬克的帳單，眞是太不應該。德國認爲，因爲日本，而與買其武器等和賣鎢給她的中國絕緣，實在太不合算了。根據正金銀行倫敦分行的最近情報，前德國經濟部長夏哈特（現任德國國立銀行董事長），曾經對該分行加納經理說：「日本應該早日與中國作『俾斯麥式』的和談。德日兩國，在政治上雖然是友邦，但經濟關係如果步調不能一致的話，則無法繼續下去，中國也是德國的友邦。因此在中日抗爭期間，祇想改善和發展德日的經濟關係，是很難辦到的」。這是德國的眞心話。所以德國在政治上，以防共樞軸牽制英國、法國和蘇聯，以爲對自己身邊政策的工具，但事關中國時，對日本的支援則不那麼熱心。可見除非給德、義兩國便宜，希望她們在中國，與日本採取完全一致的行動，是不可能的。又，譬如強化防共協定的問題，還需要從各方面去研討，這恐怕得考慮插足中國事業的關聯。

(六)不消說，我們所希望的是，令英、美、法、蘇等國疏遠國民政府，並使國民政府陷於孤城落日之悲慘命運，以收拾局面。然則，英國究竟能支援國民政府什麼，雖然不容易判斷，但自事變以來，對於國民政府請求金錢上援助，英國都婉言拒絕，至於供給武器，根據克萊基大使的說法，經由香港，最多時是三％，最近不過是一％而已。我想這些話是可靠的。國民政府之所以信賴英國，是因爲英國提供她其他的「服務」。而其最大的「服務」是，香港在地利上的作用，和在精神上對中國的支援。如果英國對粵漢鐵路關閉香港，國民政府立刻將呼吸困難，因此前任外務大臣曾就有關武器，希望英國封閉香港，但英國以除非日本在佔領區域內眞正尊重英國在條約上的權利和公私的權益，不答應日方的要求，也是理所當然的。惟在這期間，就海關收入的處理及改訂稅率，英日兩國能夠協調，對國民政府還是一種打擊。

其次關於英國在精神上對中國的支援問題，這當是英國公私在華機構直接對國民政府的同情和代出主意。前任英國大使許閣森，現任大使卡等之親華態度是顯而易見的，尤其是以李斯・羅茲的代理留在中國的荷爾巴吉對中國說：「日本的財政經濟接近窮途末路」，大大地增強了國民政府將獲得最後勝利的信心。前此，荷爾巴吉來日時，外務、大藏當局，曾邀集幾位財界有力人士，對他說明日本財政並不困難，但他與二、三位日本要人見面，到北平以後，竟說他此次訪問日本，感覺日本的財政在日益困難。英國所最重視的是，其親手扶植的法幣如果崩潰的話，英國在中國的投資將受到很大的打擊，爲着維持法幣，英國不得不支援國民政府，因此要把中國所最信賴的英國，從國民政府拉到日本這一邊，不是區區的權謀術數所能奏效。日本必須決心在中國進行英日協調，並有尊重英國權益的實際行動，否則她是不會走近日本的。

自事變以來，美國政府雖然標榜中立，但其輿論却絕對同情中國，並大有迫使美國政府逐漸走向反日本的趨勢。從前的巴聶號事件和南京的軍紀事件，以及近日之大轟炸廣州等等，曾予美國輿論以不可洗刷的不良影響，從而有最近國務卿勸告抑制飛機輸日的聲明。美國政府自負爲中國開放門戶、機會均等、九國公約和非戰條約的看守者，而在這方面一點都不能滿足他們的今日，想拉攏他們，根本是不可能的。

法國雖然說在實行嚴禁從越南輸出武器到中國，但事實上並沒有完全這樣做，而且，最近更與中國簽訂建設龍州鐵路的契約，實在很不應該。惟對法國，如能利用其擁有越南的弱點，與之某種程度的壓力，多少應該有效。

在各國當中，中日兩國的消耗戰，對蘇聯最爲有利，所以蘇聯不欲與中國發生太深的關係，而採取自制的方針，但最近她却逐漸露其鋒鋩，在武器、飛行員、軍事專家的提供方面，似很積極，這似乎是近日中國對她哀求（孫科再度訪問莫斯科）的結果，同時，有中蘇之間成立密切的軍事約定的傳說。對日本前些日子的抗議，蘇聯採取愛理不理的態度。我覺得對她再抗議也沒什麼用，而如果以實力去威脅，蘇日間勢將惹起大事。

(七)要之，對於國民政府的政略和戰略，雖足以擾亂抗日的團結，但要把第三國從國民政府拉開，則得在日本佔領地域內，尊重第三國的權益，能令他們覺得比國民政府統治下更好，這是先決的條件。

貳、今後的展望與對策

一、在如上所述，國外各種條件並不利於日本的情勢之下，軍略方面跛行地有相當可觀的運用，日軍在不久的將來，且可能進攻漢口。果爾，如果問：國民政府失去漢口以後，是不是就會投降？我敢斷言，日本多數有識之士的答案是否定的。我認爲，日本政府當局和國民，把中國的抗日意識和力量估計得太低了。事變當初，以爲祇要予在華北的中央軍以一擊，中國便會失去戰意。由於以這種失算爲其出發點，所以今日才有東洋空前的悽慘而大規模的戰爭。而使日本不得不喊出長期持久的口號。因此吃驚於國民政府之堅決抗戰，和發覺失算的有識之士的今日的答案是，「漢口失守後，國民政府還是不會認輸的」。

個人認爲，我朝野對中國的抗日意識與力量之所以失算，是因爲沒有深入研究這幾年來中國的國內情勢，中國人的民族自覺，和國力的增進等等，以及詳細分析一九三五年秋天，蔣介石在國民黨五全大會的外交演說，和去年七月十九日，蔣氏在廬山發表的聲明等等。關於中國國內情勢、民族自覺和國力的增進等等姑暫不談，蔣氏在上述聲明和五全大會的外交演說道：「和平未到絕望時期，決不放棄和平，犧牲未到最後關頭，亦決不輕言犧牲」。這是爲安撫當時中國國內各方面鬱積着的抗日空氣的爆發而說的，但日方却沒有好好留意該項演說中所說，一旦有事時國民政府的重大決心；在去年的廬山談話會，蔣氏說：「萬一眞到了無可避免的最後關頭，我們當然只有犧牲，只有抗戰，但我們的態度祇是應戰而不是求戰。應戰，是應付最後關頭不得已的辦法。我們全國國民必能信任政府已在整個的準備中」；蔣氏更強調：「至於戰爭既開之後，則因爲我們是弱國，再沒有妥協的機會。如果放棄尺寸土地與主權，便是中華民國的千古罪人！那時便祇有拼民族的生命，求我們最後的勝利。」與日本開戰後，自應覺悟戰敗和犧牲，並說中國的最後關頭已經到了，但蔣氏的這番話，當時事變剛爆發，正在興奮的日本朝野，却祇把它當做遊街的小曲，絕少人注意到它的重大意義。以這個決心和覺悟而開始的中國的抗日戰意，不但沒有因爲在華北戰敗，上海、南京和徐州的淪陷而氣餒，甚至於失去漢口，祇要她的軍事費用繼續一天，她將堅強地支持下去，加以他們相信荷爾巴吉及其他外國情報說，日本的財政困窘，所以認爲如果長期抗戰，消耗日本國力，最後的勝利一定屬於他們。因此，他們不以一城一地之失爲憂，而我們如果把這當做他們對於大家的宣傳，徵諸各方面的情報，這種看法是錯誤的。質言之，他們在國外的資金用完之日，才是他們精疲力盡之時，但就目前情況來看，他們不但還有相當的餘力，秘密情報告訴我們，他們正在再三地陸續補充銀。所以，他們甚至於敗退到貴陽或昆明，仍將長期抗戰下去。

因此，既然要堅持到底「不以國民政府爲對手」，在軍略上，日軍實唯有進攻雲南和貴州。日本究竟能不能做到這一點？要答覆這個問題，首先我們應該看看我們國內的各種情況。我們最躭心的是我國的財政問題。外務當局是財政的局外者，很難得知正確的數字，但在我們所知道的範圍之內，我國目前的財政狀況和將來財政的預測，大致是另紙東亞一課所提出：「關於今後處理對華政策應該考慮的事項」所述，並不樂觀，所以前幾天某外國報紙報導說：「日本的資源雖然大多已枯竭，而仍不得不征服中國，但勝利不在軍事行動上，而在於經濟上能夠支持多久，不在中國的防禦力如何，而在日本能負擔戰費負擔到什麼時候」，這個說法，使我們感慨萬千。時至今日，我國有識之士，已看出我國的財政危機，因而似欲早日結束這個事變，巷間甚至有人諷刺說，日本政府從事着「沒有豐臣秀吉的征討朝鮮」，因此如果不結束這個事變，勢將為暗自歡喜消耗日本國力的英蘇等國所乘，將來日本必將面臨無可挽救的失敗和恥辱，那時欲走正路，亦無由挽狂瀾於既倒，因此，我們不得不懇切地忠告我政府，此時及早準備正案，斷然進行收拾時局。

二、若是，應該如何在最短期間內結束這個事變？關於這個問題，大概有以下各說：

㈠消極論

此說以為，攻克漢口以後，應減少日軍的配置，(1)在華中、上海、南京、杭州的三角地帶；(2)長江河流一帶及漢口附近；(3)在華北，於隴海鐵路以北及津浦鐵路南段以東地帶各前線要地構築防禦陣地，配以最低限度必要的兵力，在各地帶內努力於治安工作和開發經濟。這種不要作不必要的深追，轉為守勢，着重經濟，以保全以前的戰果，聽來似很不錯，但從國民政府看來，是某種程度的恢復失地，對其民衆增加聲望，因此佔領地帶內中國民衆的人心不穩，防禦陣地地帶固不必說，背後的維持治安必日趨困難，加以乘此機會，國民政府勢將展開其拿手的游擊戰術，增強軍備，進而積極向我做消耗戰的挑戰，屆時我方便不得不以會戰予以擊破，相當大規模之戰鬥的重演，也就無法避免。縱然情形不會如此，確保到漢口六百英里的長江，以及佔領地區內幾千英里鐵路的交通線，維持廣大佔領地區內治安工作所必需的兵力，將是莫大的負擔，這不僅於解決事變毫無幫助，而且膠着於中國的抗戰，時局仍然成爲其他必要方面的威脅，所以，這只有萬不得已時的下策的價值。

㈡樹立新中央政權論

它的論點是，合併臨時、維新兩政府，及今後可能出現於漢口的政權，在這上面建立中央政府，令唐紹儀、吳佩孚等出馬，以爲中央政府的樞軸（說在唐、吳之間有某種程度的諒解），日本予以承認後，協定中日兩國的調整，以結束事變。

此說認爲，這既合乎本年一月十一日，御前會議所決定事變處理根本方針中所說，「助長新興中國政權的成立，並與之協定兩國國交的調整」；又關於唐紹儀，因爲他在國民黨的一部份和華南方面有其聲望，以他在華北及四川有其舊緣，新中央政府自然會有其威望，佔領地域內外的中國民衆，地方將領等等，將望風而歸於其旗幟之下，由之國民政府將被唾棄，但我認爲，這不僅把唐、吳的政治剩餘價值估計得太高，而且對於具有民族意識、國家意識，和與其爲一体之兩面的抗日意識的今日中國有識之士，以及掌握了他們的國民黨政府的吸引力，特別是對於以其爲愛國之化身而爲中國人崇拜的蔣介石的威望等，又一次犯了重大的估計錯誤。在中國，唐、吳已經是過去的「遺物」，對近年中國政治毫無發言權，早被中國人所忘記，他們的東山再起，將被譏爲老頭兒的不負氣（多此一舉）。唐紹儀前幾年隱退，擔任其故里廣東省中山縣縣長，因施政有過錯，爲其鄉黨以暴力排斥，逃至香港，繼而隱居上海，其威望大爲貶値，因此他的出馬，充其量將被惋惜說未保晚節。吳佩孚大有（乃公不出）的野心，這可以說是對於盛極一時的自己過去的宿醉未醒。有人似以爲，如果吳佩孚出馬，他的遺產的四川將領將反蔣，但這在時間上實估計錯誤。四川的楊森、劉存厚等諸將領與吳佩孚有老因緣，又不喜歡四川的中央化是事實，但他們將領之間，却在互相嫉妒、排擠，不容易一致，國民政府對四川的監視極嚴，要由抗日戰線脫離，對四川來講是非常冒險的事等看來，吳佩孚縱令出馬，四川將領不會立刻呼應，一直到國民政府幾乎「壽終正寢」前，可能採取觀望的態度。唐、吳兩氏之「范增齡七十尚會風雲濟時艱」的氣慨，雖然值得我們稱讚，但以爲他們眞的能濟時艱，可謂彼此皆爲時代錯誤。而就是我與唐、吳的中央政府調整國交，他們政府的弱體性，與現今的臨時、維新兩政府，也不會有太大的差別，在對國民政府關係上，戰爭仍將由日本來擔當這種狀態，還是沒有變化，結果對事變的解決，毫無幫助。不過在時局的收拾還沒有把握時，合併臨時、維新兩政府，以及可能出現於漢口的新政府，爲着裝裝門面，恐怕祇有這樣一個案

，而這也可以說是不得已時的下策

㈢三大政權合併論

這是欲令臨時、維新兩政府做國民政府的工作，合併這三個政府，成立新中央政府，並與之媾和者（或以此爲和平條件者），但國民政府與排斥三民主義，否認國民黨的臨時、維新兩政府，不僅在本質上不相容，而且稱他們爲僞政權，所以與其合併，本質上的不同暫且不談，它在面子上等於投降，因此再善於妥協的中國人，也絕不會幹的。何況此說以蔣介石的下野爲前提，因而更沒有實現的可能性。這等於說，令兩個政權做國民政府的工作，實徒使對方看清楚我們的底牌而已。

㈣以國民政府爲對手論

關於此說，我們擬以專項討論。

叁、以國民政府爲對手論

一、由於「不以國民政府爲對手」這個聲明，是置國民政府於不理，對日本國民開出投其所好的政策期票，因此對於向「不以爲對手」前進的作法，沒人敢公開非議，政府的立場非常方便，但這祇能推，實則放棄了隨情勢之變化而因應的手段，在摔跤場上大言壯語，無異是鄉下神社的摔跤，是唬人的。我們應該收戰雲，收拾時局，進而眞正調整中日國交，以符合去年九月日皇頒給臨時議會之詔書的主旨，並爲着一意準備對抗來自某方面的威脅，實唯有以國民政府爲對手，來談東亞大事之一途。無需說，國民政府係以國民黨爲母體，擬實現以黨治國和三民主義之黨是的中央政府。對於以黨治國，中國國內雖然有人反對，在國民黨內部，也有西南、孫科、汪精衛等派的明爭暗鬥，但反黨份子已逐漸被解決，黨內的矛盾也因爲蔣介石的駕御而沒激化，黨本身這幾年來加強了團結，並有以蔣介石爲中心就大同的趨勢。關於日方據以攻擊國民黨的所謂國共合作，實際上是共產黨被容許參加抗日戰線。今日國民黨，鑒於過去嘗到共產黨苦頭的經驗，看透共產黨想利用這個機會，企圖死灰復燃，所以不許有共產黨的活動。最近有周恩來、毛澤東等共黨幹部取得國民黨藉的傳說，這說明了共產黨不能蠶食國民黨，祇有以這種方式雌伏。

國民政府在其初期，依國民黨的所謂革命外交，欲以「非法」的手段來收回諸外國在中國的權益，唯因在九一八事變，遭遇到挫敗以後，遂緩和其態度，而出於恢復合法的主權。除日本以外，與諸外國國際關係，亦日有改善，尤其與英國，關係最爲密接。在內政上，國民政府這幾年來的施政，特別顯目。在政治方面，邁向國內的統一，與西南派合併，解決福建獨立政府，掃除在江西省的共軍，因而完成其承諾的訓政時期，並將邁進立憲政治。在軍事方面，充實了軍備，在經濟方面，開發資源，建設各種事業；在財政方面，有幣制的改革；文教方面，推行教育，實施新生活運動；在社會方面，獎勵各種慈善事業，救濟貧民，着步實行，革新行政，已有建設現代國家的曙光，由之，國民政府的權威和實力，着着在中國的大地上生根，並掌握着民心。近年來，領導國民政府的是蔣介石，如果將國民政府比喻成一把扇子，蔣介石實爲扇軸。對於擁有民族意識之中國多數知識份子來講，蔣介石是爲其意識形態的國家生存，民族復興的好漢，而爲他們所尊敬，在國民黨及國民政府裡面，蔣氏的存在比任何人都光輝燦爛（近日國民黨六全大會，特別擁戴蔣氏爲總裁，這是僅次於黨總理孫中山的地位），他更是中國民衆的民族英雄。要打倒這個吸引力增強的國民政府，和中國國民之偶像的蔣介石，與討代張學良的滿洲和其他地方軍閥不同，不但是日本國力是否能夠負荷實有疑問的大事業，而且從中日合作，安定東亞的理想來說，完全是無的放矢。

打倒國民政府和蔣介石以後，無論誰來組織政權，都必然是半身不隨的脆弱政權，由於其無法掌握國內的全局，因此整個中國的政治和經濟，將陷於破產狀態，而在國內引起的混亂將達於極點，這時最容易混水摸魚的是，具有組織和意識形態的中國共產黨。至此，日本除不得不擔任破產管財人，討伐殘軍，綏靖、宣撫、建設地方和重建民生外，又得攻打當面的敵人中共。而中共後面還有蘇聯，所以要平定它，需要很長的時間，和莫大的犧牲，因此不要說什麼依中日合作以促進東亞的安定，連經濟的開發都無從談起，故欲救中日間的時艱，以定大局，實祇有不念過去的恩怨，利用尙能掌握國內的國民政府，與之共商大事之一途。而要這樣做的時期，應在攻陷漢口之前，因爲攻克漢口之後，將爲情勢所拖，很可能踏進長期抗戰的新階段。

二、在日本，有人認爲蔣介石是無可救藥的排日化身，並憎恨他以排日爲手段來做統一國內的工具，但蔣氏眞的是這種人物嗎？一九三五年年底，蔣氏就任行政院長以後，以知日派蔣作賓、張公權、張群、吳鼎昌等爲閣員，其用意，不外乎是欲依他們的協力，以調整中日的國交。又於一九三六年一月，對當時日本大使舘武官磯谷（廉介）中將說：「聽起來好像在講大話，我在位行政院長，對於改善中日關係，可以說是千載一遇的良好機會，如果失去這個機會，再過五十年，一百年，也不會有這種機會」，以表示他調整中日國交的熱忱。又根據可靠消息，現在外相尙在朝鮮總督任內（指宇垣一成—譯者）時，蔣氏曾暗中一再派人到漢城，去對總督要求調整中日國交，可見其衷情。蔣氏這種衷情，在其他的重要機會也表達出來，尤其是於去年七月十七日，在廬山第二次談話會，蔣氏說：「這兩年來的對日外交，一秉此旨（對內求自存，對外求共存），向前努力，希望把過去各種軌外的亂態，統統納入外交的正規，去謀正當的解決」。他又說：「過去數年中，不惜委曲忍痛，對外保持和平」。我認爲，把蔣氏這些話當做迷世言，自非獨日本報界的罪過。而使蔣氏死心，宣佈「最後的關頭已到」，實在太可惜。但在今日，日本如果能從大局着眼，誠懇與國民政府和蔣氏接觸，要使蔣氏等再度從事中日國交的調整，決非難事。

㈢以國民政府爲對手，並與之擧行和談的障碍是，「不以國民政府爲對手」這個聲明，但我認爲，今日日本國情已經到應該超越這個聲明，謀求事變的結束，以挽狂瀾於既倒的關頭。至於能不能超越它，完全要看日本政府當局有沒有這種勇氣。這裡的所謂勇氣，是爲着轉變政策，面對國內可能引起的反對，政府當局敢不敢以其去就爲賭，勇往邁進的意思。對於中日事變的收拾，日本政府堅持不要第三國干與，而由於中日双方不認輸，開始搏鬪，而變成今日嚴重的打架，而且碍於面子，双方都不願意公開提出和談。但在實際上，形式上如能由第三國提出最爲方便。這要看由那一個第三國出面，或能多少安穩地超越「不以國民政府爲對手」的聲明。換句話說，如利用獨、義、日三國防共樞軸，暗中作德義兩國的工作，使其以兩國的意思，提出中日和平的勸告，日本如出於以德、義的勸告，盛情難却的態度，以日本國民對德義的傾倒，此種作法不是很冒險。而德義兩國之有意做中日間的調停人，去年年底德國之調停，以及最近義大利的動靜，可以爲證。因此，我國如授以此意，他們一定願意效勞。至於中國方面，德義有互相排擠的傾向，譬如去年年底，德國調停中日間之際，德國曾經拒絕義大利插足，這一點，可由日方出面協調。

惟我們要考慮到一點，就是他們不會白做工作的，他們對日本一定會要求「報酬」，但他們要求的不過是分得在中國經濟活動的利益，對此我們應該大方一點。令對國民政府舉足輕重的英美來作仲裁者，尤其以英國爲最適當，唯因日本國內的反英感情，也許會遭遇到破壞；若要利用美國，他們可能重提門戶開放，機會均等，九國公約等爲條件，所以最好不要請託英美兩國，如果要央請德義兩國作中間人，應事先透過絕對秘密的管道，定好和平條件，預先做好準備，至於國民政府方面，有沒有和議的動向，根據情報，是有。他們雖然在說要求得最後的勝利，要徹底抗日，但他們也很痛苦，也渴望和平。不過他們的和平也要看條件。條件如果過酷或侮辱性的，他們一定會抗戰到底，這是我們要特別留意的。

四、去年十月一日，總理、陸軍、海軍、外務四大臣所決定，「支那事變對處要綱」附屬的具体方策，乃是從大局決定事變後調整中日國交的條件者，唯隨軍事行動的順利進展，得隴望蜀，今年一月十一日，在御前會議所決定，「支那事變處理根本方針」中所預定的中日媾和交涉條件，則加重許多，無論如何不是中國所能接受的。今日，國民政府雖然連戰連敗，但仍然堅信能夠獲得最後的勝利，並不承認她已經戰敗，加以徵諸國民政府從前的聲明，日本雖欲強之以侮辱的條件，但她是絕對不會接受的，所以要策定和平的條件時，我們應該留意左列的前提。

肆、和平的基本條件

一、去年九月四日，日皇頒給帝國議會的詔書說：「依帝國與中華民國的協力與合作，確保東亞的安定，以舉共存之實，乃朕夙夜所軫念者」，同時又說：「今日朕之軍人在排除百難，盡其忠勇，這完全是希望中華民國反省，不外乎要盡快確立東亞的和平」。聖旨之所在是極其明顯的。以這個聖旨爲出發點，本年一月十一日，在御前會議所決定之「支那事變處理方針」，日本政府說：帝國堅定的國是是，以一掃中日兩國間過去的矛盾，在大局的基礎上重建兩國的國交，互相尊重主權及領土，俾舉渾然融洽爲最後的目的」。誠爲仰不愧於天，俯不怍於地的國是，並且御前會議又決定，要政府指導國論徹底貫徹這個根本方針的主旨，可是日本政府當局，不但沒有努力於要國民實行，而且有違反這個國是的言行，因此，爾後日本官民之所言所行，不是「大陸政策當行於此時」，就是「中國雖然是外國，但可視爲殖民地」，甚至於主張「敵人財產應該這樣那樣處分」，「既然有過這樣大的犧牲，應讓我們自由處理華北和華中，否則國民是不會甘休的」。是卽我們根本沒有反省表面上對中國沒有領土野心，實際上從事着征服戰爭。這種想法枝節地變成了「賊劫主義」、「先搶主義」和「分贓主義」。同時完全忘記了，御前會議所決定：「尊重第三國的權益，專依自由競爭的方法，以獲得對華經濟發展的優越地位」。此種言行，乖離聖旨太遠，更大大地越出御前會議所決定的根本方針。這樣牛頭不對馬嘴，怎麼能得中日合作和東亞的和平？此次事變，乃東洋歷史以來，空前的武鬪劇。在這緊要關頭，因爲爲政者的氣魄，可以有兩種完全不同的作法。如果以征服意識強國民政府以城下之盟誓和苛酷的條件，他們很可能斷然拒絕，繼續抗戰，而就是不得已接受，以後中國人將面從腹背，夙夜企圖報仇，則日本必汲汲於鎭壓中國之反噬，由之中日兩國國民，勢將永遠反覆以血洗血的慘劇，這是此次事變可能出現的大悲劇。反此，如能從大局的觀點，把過去糾葛悉付東流，此次事變可以轉變爲調整中日國交千載一遇的機會，聖旨之所在，前述根本方針據以爲堅定國是之兩國渾然融洽的序幕，將爲之啓開。這完全要看爲政者的膽識和決心，我政府當局，應以大勇猛之心，在此次事變中求取具有中日合作，東洋和平之精神的結局。而要以此目的實施中日間的和平時，在決定和平條件上，我們必須留意以下幾點。

㈠要以寬厚的度量給中國以面子

如果以國民政府應向日本認罪，並強之以秋霜烈日的條件的話，他們一定拒絕和談，而縱令他們勉強接受，如前面所說，中日兩國將結下百年之仇恨。如果強者日本以寬厚的態度對待弱者的中國，任何人不但不會覺得有失日本的身價，而且世界將欣賞日本的武士道態度，以往各國對日本的壞感情，將因此一掃而空，更能使中國對日本的怨恨雲消霧散，從而令他們建立對日本的信賴之心。我們既然論與國民政府的和平，自應像德國國立銀行夏哈特對正金銀行倫敦分行的加納所說，作「俾斯麥」式的媾和，給予他們面子，以抓住中國的人心。

㈡不要限制中國的主權

維護主權，在孫中山遺教之下，是中國國民黨和國民政府的鐵則，由於她以維護國家主權爲努力的目標，因此才能贏得中國的民心，所以如果強制她以永遠限制她主權的媾和條件，必將失去由大局上調整國交的機會。

㈢絕不能要求蔣介石下野

假定要要求蔣介石下野，下野有實質上的下野和形式上的下野，前者是在實質上和形式上都要蔣氏離開政權；後者爲形式上要蔣氏下野，實質上仍然默認他維持國民政府和國民黨台柱的地位。前面說過，在絕大多數的中國人心目中，蔣氏是民族英雄，是國民政府的扇軸。因此，要蔣氏實質上下野，等於要國民政府崩潰，要求形式上下野，不外乎欲迫中國國民所敬仰的蔣氏剖腹自殺，僅稍稍輕於處刑而已，給予中國人以侮辱，沒有什麼兩樣。總之，要求蔣氏下野，大有迫使蔣氏身邊的強硬份子走上長期抗戰之道路的可能。所以我覺得幫助蔣氏，並利用他比較上策。

㈣不要干涉中國內政

鑒於此次事變乃欲把所謂冀察政權當做傀儡，使其成為特殊存在的遠心力，與中國國家主義的求心力之相尅，我們要特別留心，不要再踏其覆轍。

㈤不要要求取消國民黨

結合在三民主義旗幟之下的國民黨，無論如何是革新中國的骨幹，所以取消它，不僅將使中國的政治無能，四分五裂，而且將導致群雄割據，共產黨跋扈的局面，從而出現束手無策的狀態。因此，不宜取消國民黨，更不能以此作為和平的條件，因為他們是絕不會接受的。

㈥着重經濟合作

鑒於中日紛爭的根本原因，在於日本欲在政治上有所作為於中國，今後的中日關係，應着重於經濟上的合作，眞正沿着有無相通，共存共榮的目標尋求發展。

二、在這種認識之下，和平的基本條件，大約應該如下：

㈠在政治方面

⑴正式承認滿洲國

國民政府之有意承認滿洲國，從前透過義大利大致表明過，所以如果要求它，今日的國民政府可能會接受。

(2)確立及實行防共政策

今日要使中國立刻參加德、義、日的防共協定，固然有困難，但去年二月，國民黨三中全會所通過的根絕赤禍決議却說：「根絕赤禍是中國擁護國家民族不易之大道」，因此，要在中日間締結某種程度的防共協定，從中國方面來說，不是不可能。但要注意不必提到去年所簽訂中蘇不侵犯條約，至於要求清除中國共產黨，當爲國民黨及國民政府所歡迎。

(3)中國要嚴格地取締全國的反滿抗日，貫徹與日本敦睦國交。日本既然決定從大局收拾時局，要中國不拘泥於過去的恩怨，並要求其國民與日本親善，應該不是很困難。

(4)臨時、維新兩政府合併之後，在中央政府之下，繼續令它作爲地方的特殊政權存在，但若干年後，是否改組，由中央政府決定。

進行知談時，最麻煩的是臨時、維新兩政府的存在。說實在話，爲着調整中日的國交，取消這兩個政權最爲理想，惟鑒於其成立的由來，令其暫時繼續存在是不得已的。但讓其永存，將再產生有如與冀察政權的關係，成爲紛爭的原因，所以對於其繼續存在，應該附予一定的期限，經過這個期限以後，其改組，任由中央政府決定。

(5)在中國的主權之下，蒙古維持自治狀態

國民政府之願意接受這些條件，從前德國做和平的中間人時，已很明白。

㈡在軍事方面

(1)以長城南方一帶，及上海四周一定地區爲非武裝地帶。

本項，在大體上，中國方面應該可以接受。但要尊重中方的面子，附以期限，非武裝地帶的範圍，以絕對必要爲限度。

(2)承認日本在華北、內蒙古、華中一定地區駐軍。

但駐軍是爲着善後及保證，暫以一年爲期限，駐軍地點及兵力，亦以最低限度爲宜。

㈢在經濟方面

(1)在華北、華中，對於開發資源的中日經濟合作。

在中日合作之下，有效運用華北和華中的國策公司及其子公司，同時不要妨害第三國的經濟活動。

(2)在中日滿三國間，簽訂有關交通、航空、貿易的適當協定。

㈣賠償

要求對於中方答應保障之日方財產與權益的直接損害，以及中方非法使用或處分日方財產或權益所產生的直接損害。鑒於「不以中國民衆爲敵」的方針，不要要求將成爲今後數十年中國國民之重大負擔的戰費賠償。

三、和平大致應依前述各種條件的方向進行談判，其細節規定，不要雞蛋裡挑骨頭。爲此，政府該做能令國民徹底瞭解大局方針的各種工作，尤其應對言論機關的統制、取締，各種政治、經濟團體的啓發、操縱下工夫。

伍、結　語

我們認爲，日本的對華政策，該右該左，今日實立於重要的十字路口。向右，則徹底以高壓手段對付中國，把她當做殖民地來處理；向左，雖然是一條艱難的道路，但最後可以達到中日融洽的境地。事變以來，日本政府一再的決定處理事變的根本方針。去年十月一日，總理、陸、海、外四大臣所決定的「支那事變對處要綱」，同年十二月二十四日，閣議所通過的「事變對處要綱」（甲），以及今年一月十一日，御前會議所決定的「支那事變處理根本方針」等是。這些，或以「在中日間樹立明徵而永久的國交」爲前提，或說，「以增進中國民衆的安寧福利爲政策的主旨」，或以「與中國合作，以形成東洋和平的樞軸云云」，爲日本不移的國是等，都有光明正大的精神，站在大局的立場，可是這些根本方針一旦決定之後，便汲汲於實行其枝葉末節，而忘記了它的根本精神。因此，此時此際，政府應該重新檢討根本方針，明確決定要右或者要左，既經決定，就動員全國國民，悉力以赴。此次事變，不是嘴吧念經，得彎腰去打開的難局。我們一心一意奉信以去年九月日皇頒給議會的詔書爲國是的金科玉律，並堅信實踐躬行它，才是眞正興起皇道，發揚國威於世界。所以，今日我們應當振作巨臂，直向中日融洽的境地邁進，以嚴肅地引導國民為政府的責任，切言大局的和平。但我們更認為，調整中日的國交，並不只以此事變的大局性結束為滿足，我們更要主張進一步地協定，譬如調整中日國交幾年計劃這種建設性的國交目標，中日共同努力其實現。關於此項計劃，自應以另案敘述。

（譯自原書房出版，「外務省的一百年」下卷；原載民國七十六年八月卅一日「近代中國」）

待命大使時代

戰時調查室

由於戰爭，許多外交官都失去任地而變成待命。因之遂有集這些人來創設戰時調查室的計劃，不料我受松本（俊一）次官之托主持其事。我任委員長，以柳井（恆夫）、秋山（理敏）、宮崎（申郎）、市河（彥太郎）四公使，森（喬）參事官和武藤（義雄）、高岡（禎一郎）、石澤（豐）、林（安）、井上（豪）諸簡任總領事爲委員，由寺崎（英成）一等書記官出任主管事務的幹事長。這些人都是傑出之士。

調查室以調查可資完成或結束戰爭參考的內外情勢，俾尋求政策性的結論爲其任務，並於一九四三年一月，正式開始工作。委員諸君對於調查室的任務雖然評價得很高，但我卻覺得這是等著輪到自己班之藝妓的管理事務所，而替他們可惜。

簡稱戰調室的戰時調查室，規定各委員的分擔事項，進行調查。我們隨時從外務省裏邊或外邊，邀請各種問題的專家，來講解時事的眞相，舉行全體委員會議，討論問題，熱心研究，惟因資料不容易到手，所以調查成績並不如理想。當時，對一般查禁的外國短波的速紀錄，天天送到戰調室來，這是我們唯一的新鮮資料。但外國短波對調查不僅沒有太大的幫助，反而告訴我們戰局的眞相；亦卽敵人的短波明確地告訴我們：勝利逐漸遠離日本，敗戰日趨迫近她的過程。當然這不是中了敵人的宣傳。因爲我們所得到國家機密的眞相更慘。

船隻喪失量的陟增，戰略物資的無著，陸海軍的相剋，離得遠遠而陷於重圍中之德義兩國的不可靠。何況墨索里尼的義大利，有如被侵蝕的樹木，在日漸空虛了。而且，同盟國於今年一月間，在卡薩布蘭加會談，便以樞心國的無條件投降爲戰爭目的，且穩步而順利地加強其合作。迨至那年夏天，戰調室已出現完成戰爭絕望論，與早日和平論的主張。不久，戰調室遂被視同戰敗主義者的大本營。

委員之間，雖然時或爭論得很厲害，但個人之間卻不互相怨恨，戰調室的空氣，非常和諧。喜歡這種和睦氣氛的宮川（船夫）參事官、大久保（利隆）公使和伊東（隆治）參事官，後來也參加了戰調室的行列。

旅行中國大陸

一九四三年四月，回國述職中的重光（葵）駐華大使被任命爲外相，谷（正之）外相調往中國。日本於今年一月，同意汪精衛政權對英美開戰，同時放棄治外法權等對華特權，並加强汪政權之政治勢力，乃是重光大使一向所提倡，對革新政策的流露，而據說由於這種原因，他纔被東條（英機）首相囑目爲外相。乘更換外相的機會，我曾經表示要辭職，但重光外相以「我在職期間，請在原來位子」挽留我，因此我不得不答允。

重光外相對戰調室，似無多大興趣，而拼命要戰調委員考察中國大陸，因此市河公使，柳井公使和我，相繼出發。同行者有森參事官和我的秘書野崎，於六月中旬，動身東京，由福岡飛上海。

降落江灣機場之後，搭乘總領事館派來的專車到市內去。從車窗往外邊一看，扛著刀槍，面向外頭的士兵，差不多每隔五十公尺便站一個，警戒森嚴。我以爲有什麼貴人達官要來，所以問同車的總領事館警察，他說是爲我這個大使（原任巴西大使－譯者）配備的。這使我嚇得目瞪口呆。走上江灣路時，扛刀槍的士兵沒有了，而代之以拿著手槍的領事警察，其警戒，眞是水洩不通。我到中國來以後，突然變成「偉大」的人物，但我卻相信不會有人會暗殺我。在莫明其妙的情緒中，到達住處普羅曼飯店後，在到房間的電梯裏，也有拿手槍者跟著我，簡直有若監視我逃亡。到總領事館後，我問其原因，他們說，雖然不危險，但迎接軍和官的特任官時，慣例上要由軍和領事警察這樣分擔警戒，並請我不要介意。

軍部在這裏也輸入了形式主義，並連累了領事警察。形式主義在日本國內，遍地皆是，不足爲奇；但在此地，我卻被當做偶像，因之在開始旅行，就給我極不愉快的印象。

當時，汪政權發行貯備券已近一百億元，大有通貨膨脹之勢，但在上海，物資什麼都有。旅館的飯菜，和洋兩式，自由照菜單選點，飲料亦然。車子走在南京路時，野崎秘書官突然大聲喊叫：「大使，有麵包，也有罐頭！」往他手指的舖面一瞥，麵包和罐頭，堆得如山。坐飛機祇隔三個小時的福岡和上海，竟有這樣的對比，眞是不可思議。

在上海我逗留大約十天，以陳公博「市長」爲首，我見了不少新舊朋友。袁履登罵日軍；袁良議笑日軍；周作民因爲厭惡日本而隱居。在新認識的中國人當中，給我印象最深的是，中國靑年黨領袖曾琦、顏惠慶和陳友仁。我跟陳友仁碰面，是在申報社長陳彬龢招待我的午餐席上。上海棉業界的重鎭，聞蘭亭等人也同座，如其照片，臉很尖銳的陳友仁，是出生外國，不會說中國話，因此皆以英語交談。他大事抨擊大東亞共榮圈的理念以後說，就是成立了這種共榮圈，日本也沒有爲其盟主的度量；他並說，具有爲其盟主之潛在力量的是中國。我覺得他說的不無道理。他又問我有關幣原的近況，幣原對時局如何看法，而非常懷念幣原。

聞蘭亭等二、三人說明日軍佔領上海當時，受到憲兵侮辱的情形，悲憤說是終生難忘。大家都責難汪政權的脆弱，並認爲以它爲對手的所謂對華新政策，毫無濟於事。「屯積」這句話，已經聽得很多，但「落水」這兩個字，還是第一次聽到。它意味著屈服日本，變節。這些人，由於處境上不得已「落水」，但他們卻並沒有出賣其靈魂。

傳聞已久的，以陳璧君爲首的「公館派」之把持汪政權，以及秕政由此而出的非難，在上海，可以說是無人不知的常識。祇有山田純三郎敢大罵陳璧君爲「貪而無厭的女人」和斥汪精衞爲「無節操漢」，以他們爲誤中國的大漢奸，而憤慨。

從上海到南京，在那裏，我歷訪「汪主席」以下「政府要人」如儀。我與汪精衞親自交談所得的印象是，他不愧爲中國一流的名演員。

某夜，我與谷大使受到褚「外交部長」的晚餐招待，欣賞了他得意的太極拳表演，其技藝之高超，實妙不可言。

我也跟中國方面總司令官畑（俊六）上將見了面。每次跟他見面，我總覺得日本的軍人如果都是這樣的話，會天下泰平。與汪政權的最高軍事顧問柴山（兼四郎）中將，一夕暢敘，很是高興。他很詳細地告訴我汪脆弱政權的內幕。

我從南京搭機到漢口，住了兩個晚上後又回到南京。眼下蜿蜒蟠踞的長江，連一條船也沒看到。因爲如果航行，將受到敵方空軍的轟炸。漢口令人不由地覺得是個邊境。這方面的戰線在湖南。

我由南京飛往北京，下榻六國飯店。此地大使館的主人是陸軍中將鹽澤（清宣）公使，以軍人兼任公使的他，好像很舒服的樣子。我曾與「華北政務委員會委員長」王蔭泰及其他「要人」會談。這裏的空氣與南京的空氣大異其趣。換句話說，由反國民黨舊派政客所組成的華北政府，根本就沒把汪政權放在眼裏頭。華北是他們的華北，跟南京毫無關係。他們認爲，日本人總有一天要走，所以衹要順著日本人的意思保持華北就行，時間將解決一切。不知道是達觀還是鎮靜，從與「要人」們的談話中，我體會了這種氣氛。也許是華北傳統的狡猾，他們跟南京「要人」們的神經質成爲强烈的對比。

北平很熱。馬路兩旁的樹，都被蟲侵蝕，而變成可憐兮兮地。

在北平逗留了一個星期左右以後，我飛抵張家口住一晚。由機上俯瞰的蒙古高原，實在是令人感覺地球之如何巨大的壯觀。

碰巧德王不在，因之，此地公使館的岩崎（民男）少將公使對我說明了「自治政府」的內情。德王治下的蒙古人，不足三十萬，因此「蒙古自治政府」被有數百萬的漢人看不起。我的故友同時又是「自治政府總理」的吳德齡對我埋怨說：「我們因獲得關東軍保證要讓內蒙獨立纔組織自治政府，但至今日本卻還不許我們獨立，眞是豈有此理！」而使我不知應該如何是好。

以張家口爲最後一站，我又飛回北平，經由靑島飛抵上海，數日後由上海而福岡，從福岡而東京。在這途中，我得悉墨索里尼的沒落。

經過四十天的大陸旅行，銘刻在我心目中的是，跟幾年前的旅行時一樣，無憂無顧於明日，過著大好日子的日本軍、官、民的風采。而汪政權是沒有在大地上生根的盆栽樹。

次女的筆禍事件

由於旅行中國大陸以前的約定，於八月上旬，我參加了東亞同文會的地方演講團，巡迴福島、秋田、青森，經過大約十天後回到東京。內人對我報告說，在這期間發生了如下的事情。

板橋憲兵隊支部，給次女來了張傳票。因為不知為何被傳，又不忍心剛為高女二年級（等於初二——譯者）的女孩子單身去，內人遂陪她於被指定的時日前往報到，一個好像憲兵上等兵的主辦人員擔任訊問。問題發生在前幾天，小女給她住在上海的姐姐信。在那封信裏，她原封不動地告訴她姐姐：近日九死一生由瓜達爾加那爾島（Guadalcanal Island）歸還的近親軍醫上尉的生還談，並結論說她很討厭戰爭，所以的確違反了軍機保護法。書信既被檢查和扣押，也就無從隱瞞。因之兩人老老實實地答其所問，對方便問瓜達爾加那爾島歸來談的主角是誰。內人問憲兵：如果說出這個人的名字，他是不是要受處分。當然。好，那就不能奉告。隱瞞對妳沒有什麼好處，坦白說！憲兵的口氣愈來愈兇。

內人想對其上司直接申辯，因而請求與隊長見面。

但憲兵卻怒髮衝天罵說：「對妳客氣，妳竟放肆起來！」

但內人還是堅決地這樣主張，好，那就讓妳女兒會面，不行我也要去，母女兩人遂走到另外一個房間，坐辦公桌的隊長面前。隊長是憲兵上士，他把那封信擺在眼前，很懇切地說，這是最明顯的違法行為，並問：是不是明知故犯。因為還是小孩，不知是違法而寫的。這是作母親的我監督不週，致使為您增添許多麻煩，實在很對不起。內人對他這樣表示。

可是隊長卻很意外地問：您的先生是不是九一八事變當時的吉林總領事？是的，那時我也跟我先生一起在吉林。隊長很和藹地說，是嗎，當時我也在那裏當憲兵，也見過石射總領事。從此以後，彼此話舊吉林事，沒再觸及那封信。

談得心情愉快的憲兵隊長，以很嚴肅的聲音，似要說給跟他同一房間的部下聽，而說：「這次我原諒妳」。聽了這句話，內人遂帶著次女匆匆離去。

對於我不是美麗回憶的服務吉林時代，在這種時候竟發生了幫助的功用，我對內人這樣苦笑說。

當然，這種事是最輕微的事件。在當年憲兵兇猛的勢頭面前，國民衹有一味地懼怕，因此有些人仿照G・P・U（蘇俄秘密警察）而把它叫做K・P・U。這是Ken-pei Unit　（憲兵隊）的簡稱。

大東亞會議

由日本、中國（汪僞政權）、泰國、滿洲、非律賓、緬甸、印度臨時政府的代表集聚的大東亞會議，自一九四三年十一月五日起，假日本帝國議會大廈舉行。會議所將要通過的大東亞共同宣言的起草，戰調室也準備覆案，由我和石澤委員參加，但戰調室對這種會議並不大感興趣。戰局日趨不利，十月初，連關釜（下關、釜山）聯絡船崑崙丸都被敵方潛艇擊沈了，所以「共榮圈」內的交通既非常不方便，日本的勢力也日暮途窮，因此我們戰調委員，都認為「共榮圈」的實現，已經不可能。

參加會議的各國代表，都由日本派專機前往迎接，惟以氣候和飛機發生的故障等等原因，歷盡滄桑後，纔好不容易抵達東京。這個事實不但令各國代表領教了日本航空技術的落後，更象徵著「共榮圈」前程的黑暗。

但會議還是按照原來預定，於十一月五日上午十時，記得在衆議院豫算大會室召開。我坐在傍聽席參觀其進行。東條首相作議長，汪精衞，汪歪親王、張景惠、勞列爾、巴摩、坡斯各代表分坐其左右兩排，隨員坐他們後面。東條首相背後為重光外相、島田（繁太郎）海相、青木（一男）大東亞相。

上午，以東條首相為首，汪偽中國、泰國、滿洲、菲律賓的代表，對大東亞的理念，發表演說。身著陸軍上將衣，毫無間隙可乘的東條首相的舉措，與獨裁者希特勒的形象已經完全沒有什麼兩樣了。

把巴摩、坡斯兩人的演說留待下午，上午的節目就此結束。由於對那種祇是形式上的會議不感興趣，所以下午以後我就沒再去。翌日，發表了五條大東亞共同宣言，其內容，自不必介紹於茲。

七日，於日比谷公會堂召開大東亞國民大會。我由收音機，聽見了在該大會巴摩、坡斯的演講，而今日還在我印象的，祇是他們的英語講得很不錯。

會議結束之後，共同宣言便令人覺得是篇空洞的文章；因爲看來它不可能實踐。

在各國代表當中，顯得最灑灑落落，老奸巨猾的是「滿洲國總理」張景惠。反正滿洲國是日本包辦的。祇以傀儡嘴臉迎合日本的意思行事就可以。可能他的達觀和熟悉日本人性情的多年經驗教他這樣做，他的態度沈著得似乎看透了決定東西命運的歷史大舞臺。據說，他跟汪精衞面談時，曾教汪說，國政最好交給日本官吏去做，他們既甘於薄新又熱心，亦即既省錢效率又高，所以你那裏也應該這樣辦。從張景惠看來，汪精衞還是一個幼稚的外行人。

小磯內閣的誕生

在太平洋戰線，一九四三年二月，從瓜達爾加那爾島「轉進」以來，日軍遂轉爲守勢，四月，海軍首屈一指的山本五十六上將陣亡，五月，阿租（Attu）島全部日軍犧牲，戰局日漸對日本不利。陸海軍的逞强，東條首相對國民的叱咤鼓勵，都大有有如空話的趨勢。因之，以前就有的打倒東條內閣的空氣日濃，憲兵的鎭壓也隨之而更加厲害。

在另一方面，戰局無情地日日對日本不利，一九四四年六月，迨至塞班島陷入敵人手中後，日本遂變成沒有護城河的大阪城。加以在陸戰方面，五月以來的印巴爾（Impahal）作戰慘敗的眞相爲人們所得悉，而且傳聞說這是爲挽回東條個人的聲望而行的政略作戰，因此東條的人望，遂一落千丈。他以探視厨房垃圾箱、提倡節約、摸摸街上小孩頭，表現其親民而在報界所得的人望，此時卻成爲人們攻擊他的材料。在東條爲延長其內閣生命而企圖改組的時候，外面傳說反對東條作法的重臣們正在密會。人心已經離開東條了。四面楚歌的東條內閣，終於七月十八日提出總辭職。國民感覺得了救。

繼起的是小磯（國昭）內閣。我聽過有關他的不良批評，而不知道其爲人；不過卻跟他有一面之緣。詳而言之，前幾年，我由荷蘭（擔任荷蘭公使後—譯者）回國沒多久，應實業家山地土佐太郎之邀，有一個晚上，在星岡茶寮跟小磯會談過。當時，爲開展我在海牙時啟端的日荷交涉，政府曾請小磯前往荷屬東印度（亦即今日的印尼—譯者）一趟；而據聞，他曾作有如小孩子的要求說，如果給他派軍艦，他願意接受。他很想聽聽有關他前去東印度的意見。

我大致對他這樣說：「荷蘭這個國家個性很强，不是用武力威脅所能屈服的。如果對荷屬東印度太粗暴的話，英美會出面，從而將亂出大事來。因此這個交涉非常不容易」。

隔天，我看報紙嚇了一跳，因爲它報導著小磯謝絕了政府請他前往荷屬東印度的事。我覺得我的話應驗得太快了。這個小磯，做了內閣總理。

重光外相留在小磯內閣，並兼任大東亞大臣。重光的外務省非常熱鬧。他聘本多（熊太郎）、有田（八郎）、山川（端夫）三前輩爲顧問，加上堀田（正昭）前大使和來栖（三郎）大使以形成最高幹部，並動員各部局員，以組織各種委員會，經常開會。重光外相大概喜歡建立集衆智，爲因應時局而努力於調查研究的態勢。但可惜的是，戰局卻繼續不斷地變化，因此這些調查研究，完全無補於事。有田顧問批評它說：「現在什麼都作不了了，但要建立在作些什麼事之態勢的是重光外交」。

在這前後，聯合國經過卡薩布蘭加、魁北克、開羅、德黑蘭等會談之後，對於攻勢的合作更加密切，日本、德國便陷於其重圍之中。

論大島駐德大使

人事問題並不爲戰調室所關心，但對於大島（浩）大使卻是例外。

這個知名的，醉心德國的大使，自始就是戰調室的問題的根源。他對於英國、美國和法國，一無所知；滿腦子都是希特勒和李邊多羅普。對於日本政府的報告，他祇轉達希特勒和李邊多羅普的樂觀論；對於德國國情的變化，唯有解釋他故意熟視無睹。關於同盟國之間的動態，他並不很認眞地傳達日本對於德國的希望，但卻很熱中於把德國的意見轉達給日本。這種盲目的大使，在此非常時期，做爲外交官，實在一點用處也沒有。他應該調回來，這是戰調室的公論，但對於運外務大臣都束手無策的他，戰調室自不可能有任何影響。

一九四三年二月，德軍在列寧格勒全軍覆滅，對蘇戰線逐漸全部崩潰，但大島大使的電報，卻仍然唱著德國一定會勝利的老調。由於太過樂觀，他的後臺陸軍也開始著急，因而遣派專人前往柏林去弄清實際情形，但這個人反被大島說服，而與大島同羽。

在松岡（洋右）外相時代，大島大使似被賦予分別指揮駐劄德國鄰近諸國的日本公使，因此據說，他曾利用其權限，抑制諸公使對外務省報告不利於德國的情報和觀察。

我看過一九四四年元旦，駐德大使館某隨習官員寫給寺崎書記官的私信。其大意說：「德國的戰敗已成定局。以大島大使為首的我大使館主流，雖然放棄了德國必勝論，但卻還在主張德國一定能挽回戰局。主流派以外者，則由德國不勝論變為德國必敗論。留德日人都把駐德日本大使，罵成駐德德國大使。德國人非常害怕蘇聯，所以盼望英、美軍來佔領」。青年隨習官員沒有成心，因此對德國的眞相看得很客觀。

可是大島大使的樂觀論卻還在繼續。但不管怎樣，對蘇戰線既不可能好轉，加以六月間聯軍且在歐洲大陸開闢了第二戰場，所以德國的劣勢已無法掩飾。日本急得要命。因很耽憂德國今後的戰爭能力和方針，於是外務大臣去了急切的訓電。對此大島覆電說，事到如今，還耽心什麼，日本祇有與德國共同其命運而已。他要日本與德國同歸於盡。

因之，戰調室又開始長短大島大使。這時林總領事作了這樣的結論：「大島最適任作駐德大使，因為要跟德國一起沒落是他的任務」。這個諷刺解決了大島大使論。從此以後，戰調室沒有再談過大島。

近衛文麿公爵與我

一九四四年六月底，由東亞同文會主辦，假霞山會館舉行了近衛篤磨公爵逝世四十周年紀念會，會後在華族會館一起午餐。文磨公爵以遺族身份參加。同文會以近衛先考為會長，於一八九八年創立，今日的文磨公爵現任其會長，跟近衛家已有兩代的關係。受到先代篤磨公爵照顧的老會員和同文會幹部，以及其他有關者大約五十人參加了這個集會。我也列了席。

午餐時，幾位前輩曾經說了些懷念篤磨公爵的話。諸如近衛先考如何地希冀增進中日的善隣，他以中日之間將來不能有戰爭為鐵則等等。

文磨最後站起來，對今天的聚會致謝辭並說：「諸前輩懷念先考的話，使我非常感激。家父雖然這樣用心，惟因我任內閣總理時，對中日事變採取了錯誤的措施，致使它擴大到如今日的情形，因此對先考和各位不勝慚愧，尤其痛感責任」。

這瞬間，我怒髮衝天，幾乎說出：「你胡說八道，糊塗蛋！太晚了」。我之所以一再忍耐，是因為想到這不是普通的場合。如果多喝了一點酒，我或許把這些話說出來了也不一定。

在這以前，我跟他同席過好多次，在表面上我雖然對他盡禮，但在心裏卻很輕蔑他。他當然具有識別善惡的能力，但卻缺欠擇善的勇氣，對於來自外邊的壓力，隨時隨地屈服。正因為如此，所以中日事變便隨強硬論之所欲，無止境地擴大下去。他對其信念太不忠實了。以這種人物為非常時期首相的日本，你說糟糕不糟糕。在他第一次內閣期間，我到處對人們憤慨這樣說。

這個文麿公爵於一九四〇年七月，組織了第二次近衛內閣。因爲軍部的亂闖，美日邦交面臨緊張的局勢。據說，當時他曾暗中與幣原（喜重郎）會面，以請敎消除危機的方策。該時幣原所力倡的方策，很適合於阻止危機的擴大，但要實行它，需要很大的勇氣。由於他毫無勇氣，因此他所求得的妙案也就無由付諸實施，危機因之擴大。他對這個外交界前輩所想求取的，可能是與勇氣毫無關係的，起死回生的妙藥。近衛公爵，實在太淺薄了。

不在位的近衛公爵，曾經兩三次，要我去跟他聊天，但我每次都予以拒絕。高貴的門閥，大概有什麼好處，所以他雖然在野，但出入於其門者，似仍陸續不絕；但對於看透了他的我，卻一點興趣也沒有。

朝一壘夕一城

一九四四年六月，因爲塞班島失陷，敵人迫在眼前，戰爭的情勢，已經完全絕望了。海軍以要讓對方斬肉以斬其骨，而講解著柳生流（劍道的一個流派—譯者）；陸軍說要在本土決戰，因而強制國民學習竹槍，所以在不知不覺之中，出現表達民心之戰局觀的雙關語：「朝一壘，夕一城，最後是宮城（日本皇宮—譯者）」。而疏散與動員學生，更動搖了民心。

輸贏已經分明了。敵人所定的目標—無條件投降，已在眼前。有沒有能夠避免無條件投降，代之以交涉達到和平的方法呢？小磯內閣所設立的最高戰爭指導會議，據說，雖然判斷世界情勢對於樞軸已經絕望，但還是盲目地決心要完成戰爭，俾打擊敵人。這是受到軍部硬拖著所導致。

戰調室討論了以交涉獲致和平的方法。曾有各種意見。大家所第一個想到的是，透過尚對日本維持中立關係的蘇聯提出議和。各委員的意見暫且不談，此時我寫了一篇「時局策」，並提出戰調室會議討論。其大要說：現在日本已站在求和的關頭；從蘇聯以前的態度判斷，托其斡旋，祇有吃其苦頭；求和的請托，應透過中國；因為中日事變，而被搞得一場糊塗的中國，此時如果給她面子，請重慶政府出面斡旋媾和的話，它一定會從事善意的斡旋，而欲由此求得某種程度上，依交涉的和平，不是不可能的。是即在可行者唯有這一條路的構想之下，「時局策」發表著實施它的意見。

這時蘇聯的對日態度，冷淡非常。一九四一年六月，德蘇開戰，當時的蘇聯，一味地要求日本遵守蘇日中立條約，拼命拍日本的馬屁，但迨至德國對蘇戰線崩潰，日本在太平洋戰爭失利，蘇聯便逐漸露出其豺狼的眞面目。可是，現在卻變成日本求她恪遵中立條約。在這種情勢之下，重光外相曾經兩度向蘇聯提議擬遣派特使以加強蘇日關係，但卻很冷淡地被拒絕。蘇聯的用意是顯而易見的。我在「時局策」中預測：當日本陷於困境的瞬間，由其背後刺她一刀的將是蘇聯。

戰調室委員對「時局策」的意見雖然紛歧，但卻決定把它當作一種意見提供大臣參考，並交托次官。但在它毫無反應的情況中，我被調職緬甸。

調職緬甸

一九四四年八月二十六日，重光外相和松本次官問我能不能去緬甸接替澤田（廉三）大使。我沒有即時作答，並請求考慮。

這件事來得很突然。那時我聽過將派我出任泰國大使的傳說，但前幾天已經任命山本（熊一）大東亞次官使泰；又此時雖然回國述職中，但卻作夢也沒想到澤田緬甸大使會辭職。而且，我以為我將可以這樣退休。可是此時竟發生了要我去緬甸的意外事。

當時，自春季的印巴爾作戰慘敗以來，緬甸戰線的全面崩潰已是時間的問題；加以派往緬甸的大使，因為陸海軍與政府的協議，祇具有限於「純外交」的權限，在實質上是個禮儀大使，問我去不去這種無關重要的地方，大概要把我當做補屁股的材料吧。有沒有什麼可以不去的妙計呢？我跟要好的來栖大使商量，結果還是想不出什麼好辦法來。家人也反對到緬甸，因此我苦惱一天一夜，而在腦袋裏的鬥爭，我一貫主張的吏道獲得了勝利。假若已經是退休年齡，自當別論；但身尚為官吏的我，如果拒絕到緬甸，將與我一向所主張的吏道衝突。我八月二十八日的日記這樣寫著：

「次官和大臣，問我能不能去接替澤田作緬甸大使，我說讓我考慮，以保留回答。眞糟糕。如果拒絕，則有背吏道，但又不想去。」

八月二十九日晚上，我答允到緬甸。當天的日記說：「接受到緬甸後的不愉快，眞是無法形容」。

友人松本忠雄君來罵我說：「我一再地告訴你不要自貶身價，你答應到緬甸是糊塗」；但堀田前大使卻讚揚我。明知是倒霉缺，你還是答允了，這是你的本領。責罵的、稱讚的，都是知己之言。

答應到緬甸以後，我立刻把野崎秘書找來，問他肯不肯跟我同行。這個能幹的秘書，自我擔任巴西大使以來，是我捨不得放手的人物。

「我要跟大使到底」。

「也許不能再回來日本了，你還是要去嗎？」

「要去」。很乾脆。

與次官商量結果，我把戰時調查室移交給堀田前大使。

出發前，我禮貌上往訪小磯首相、米內（光政）海相、及川（（古志郎）軍令部總長，和杉山（元）陸相。小磯首相說，要以戰爭爭取時間，以便採取外交措施，並寄望於蘇聯的調停。米內海相暗示戰勝已經絕望；及川軍令部總長表示柳生流更進一層的看法。陸相請我午餐，由剛做陸軍次官的柴山中將，和佐藤（賢了）軍務局長等人作陪。我們談了緬甸方面的形勢。

赴任途上

九月二十九日，我與野崎秘書，動身東京車站，往福岡機場出發。從軍窗所目睹被轟炸的八幡煉鐵廠的痕跡，令人感覺淒涼。

在福岡住一晚後飛臺北，受到長谷川（清）總督、蜂（谷）外事部長和加藤（恭平）臺灣拓殖會社社長的款待，一宿後直飛西貢。作芳譯（謙吉）法屬印度尼西亞大使三天客，轉達日本的政情，聽了現地的情勢，芳譯氏以其任務已告一段落，而決心回國。

從西貢到曼谷飛三個小時。山本（熊一）大使、中村（明人）軍司令官等曾來相接，隨即爲大使官邸賓客。在曼谷時，我曾與阿排翁首相、瑟那外相、汪歪親王重溫舊誼。因爲比本前首相的文化政策，曼谷現代化許多。街道幾乎沒有受到戰禍，由於日本軍民複雜而大量的消費，景氣很好，商品應有盡有。與隣國緬甸相比，有「泰國天堂，緬甸地獄」之稱。

五天後，我飛抵仰光。透過機下的薄靄，邊欣賞泰緬的山脈、海灣和大江的美觀，降落仰光機場。北譯（直吉）參事官、方面軍副參謀長一田（次郎）少將，和光機關長磯田（三郎）中將等來接我。即時坐車住進大使官邸。記得這是十月九日的事情。（原載一九八二年十二月號「世界華學季刊」）

日本天皇與外交官

外交官以外交官的身份，正式能夠與日本天皇（以下簡稱天皇——譯者）接觸，是做公使或大使以後；在這以前，除非有特別的召見，是沒有機會接觸的。公使和大使，具有代理天皇被派到外國元首那裡去的身份，因此在皇宮的待遇，與一般官吏不同。

對於公使和大使，將交給國書。這是天皇寫給對方國家元首的書信，是要由大使或公使向對方國家元首親自呈遞的。這個儀式叫做呈國書儀式。國書大致這樣寫著：

此次對貴國任命某某為特命全權公使（或大使）。其品行端正，為人篤實，乃足為朕之使臣委諸全權之人物，請你信用此人，有關貴我兩國之關係，請與其磋商。

其最後由天皇親筆署名御名御璽，收信人寫成：「朕之良友某國國王陛下（或大統領閣下）」。原文是日文，另外有英文和法文等的譯文。

由於是帶有國書的身份，所以公使和大使受命後赴任前，可以晉謁天皇。但晉謁得請求，天皇並不自動地召見。我首次受命公使赴任暹羅時，因為繁忙，因此沒有要求晉謁；迨至做荷蘭公使將赴任的時候我纔要求。

服裝是大禮服。晉謁二十分前到達皇宮，由宮內官先給我做晉謁的練習。在晉謁房間進口最敬禮一次，踏進房間一步後再最敬禮，走到天皇面前幾步再最敬禮，恭聽天皇話後再最敬禮，往後退，退到房間出口再最敬禮，然後回到休息室。

天皇準時啟駕，我照所練習的順序走進天皇面前。天皇着陸軍軍裝，站在房間中央稍微後頭，直立在天皇後面的可能是侍從長或侍從武官長。如儀走到天皇面前最敬禮後，天皇說：「你辛苦。到荷蘭後替我向女王問好」。

如儀而退，晉謁完畢。我這樣近距離看到天皇的臉，這還是第一次。晉謁的時間，不過三分鐘左右。晉謁的房間，光線不很充足，天皇的臉顯得蒼白。由於是初次晉謁，所以還是有些緊張。

從外國回來時，如果請求也可以晉謁。其方式與赴任前的晉謁相同，祇是天皇說的話不一樣而已。我從荷蘭回來晉謁的時候，天皇祇說：「你辛苦了」。

爾後，赴任巴西（大使—譯者）前，從巴西回來後，赴任緬甸前，我又晉謁天皇三次。天皇所說的話都是「你辛苦」，「你辛苦了」。

赴任前的晉謁還要參拜溫明殿。（譯註一）溫明殿位於皇宮的最裡頭。遵照神官的指示，恭恭敬敬地跪在神前叩頭，這時有神酒可喝。由於晉謁連連參拜而很渴，因此用潔淨的土器來喝的冷酒，實有如甘露。

做大使時有特任儀式。這是進皇宮去受天皇親自說「任命你爲特命全權大使」的儀式；禮節與晉謁時相同。

此外，天皇自動召見回國的大使或公使，聽聽他們的報告叫做「進講」。進講的時間大約三、四十分鐘，以報告駐在國的見聞爲目的。

從荷蘭和巴西回國後，我都進講過。在進講之前，擔心我禮節的松平恒雄宮內大臣曾經注意我說：「在御前不可把手放在口袋裡，不可蹺脚，不要說我，而盡量說石射」，但比諸儀式，進講實在融洽多了。

我距離天皇大約三公尺而坐，有茶點。不但天皇要發問，而且陪坐的宮內大臣和內大臣也要發問。君臣和睦的氣氛。進講完了之後，在休息室給賜品。

除此而外，我從巴西回國後，曾被邀請進皇宮用午餐。這就是所謂「御陪食」。此時一起陪食的還有野村吉三郎和來栖三郎兩位大使，以及從南北美洲同時回來的公使諸君；另外記得高松宮（天皇弟弟——譯者）、松平恒雄宮內大臣和木戶幸一內大臣似乎也作陪。在一個殿內大廳相當豐富的西餐。用飯時，以天皇爲中心，大家交談；飯後，在另外一個地方用茶，由各大公使分別報告比較輕鬆的話題，說些插曲，這是宮內官吩附我們這樣做的。我報告了我在柏林和里奧熱內盧與國民政府駐德大使陳介密會的經過。天皇似覺得很有趣，並問：「陳大使還說了些什麼？」我以爲我的話題很得體。日常祇理形式上之國務的天皇，好像很中聽這類話而笑了。

現在屈指算來，我與天皇相隔咫尺，不及十次，總計其時間，也不會超過三個小時。臣與君的關係如此稀薄，時間又是這樣短暫，但我却體會了天皇的圓滿人格。尤其天皇之爲和平主義者，乃是天皇的親信松平宮內大臣等人私下所常說，也是我所深信不疑的。因此，我在巴西宣讀（對美英）宣戰詔書時，我便把「豈非朕之意志」解釋爲天皇對主戰論者的抗議。而我回國後所仄聞，這句話確是出於天皇意思。

君側之奸，並非君側，而是把它掛在嘴上實際上要消滅正論的軍人和右翼。當我在緬甸的時候，海軍根據地司令官田中（賴三）中將同我說：

「有沒有儘早結束這個戰爭的方法？」

「能夠結束這個戰爭的祇有天皇。我們需要『仙鶴的一聲』，惟君側外的奸臣在阻礙，所以天皇可能也不自由。」

仙鶴的一聲終於來了，但太晚了。

聽到天皇親自捨去其神格，是我在泰國過着扣留生活之時。我爲天皇而祝福。回國後已經沒有晉謁的儀式，而馬上被召見進講。以前的一切最敬禮統統免了，而在宮內省樓上一個粗糙的房間，我與活人天皇靜靜地相對而坐。大概由於戰爭結束前後的勞心，天皇顯得非常憔悴的樣子。但當時的天皇，在我的經驗中，却是我感覺最近身邊的存在。

赴任外國前，晉謁天皇之後，在程序上可以晉謁皇后。場所在「御內所」，是走很長的走廊，往裡頭去，登上很寬的樓梯後的一個房間。禮節與謁晉天皇時相同，皇后說的話比較長，惟聲音太小，聽不大清楚；但每次都能聽懂這部份：「任地的氣候風土不同，所以要留意健康。」皇后穿很樸素的洋裝，氣派高尙，臉色非常之白。

我從沒請求過晉謁皇太后，但從暹羅回國時，却曾經被召見過兩次。目的是要我報告彼地的人情風俗等等。

進皇太后面前之前，主辦人員提醒我說，在我報告的過程中，會送來茶點，這時，就喝茶，並卽時結束講話退場。換句話說，茶點是結束報告的信號。

禮節很簡單。在一個不算大的房間，我與皇太后相對而坐。大概由於隱居的身份，喜歡聽聽海外的各種見聞，所以很熱心地聽著，並問許多問題，因此我也講得很起勁。等到茶點一出來，我便結束我的講話而辭退。皇太后每次都穿黑色的樸素洋裝，從半白的頭髮和溫靜的態度，湧出她的慈愛。我覺得她眞是名副其實的國母。

位階勳等與外交官

我在日本駐美大使館擔任三等秘書的時候，以輪船成爲爆發戶的山下龜三郎環遊世界的途中，曾經來華盛頓，他是當時大使館參事古谷重綱的親戚。在閒聊中，山下問古谷說：「你現在是勳幾等？」「勳三等瑞寶」。山下說：「在我們工商界，勳三等的行情是一百五十萬元」。

我從古谷，得知民間人士很憧憬勳章。爾後，在日本發生了轟動一時的勳章貪污事件。當時的賞勳局總裁將勳章賣給幾個實業家而被發覺。有錢就想要榮譽，而且無恥地用錢偷買，這充份說明了民間人愛勳章。

但其他的官廳我不知道，至少外務省的同仁（當然也有些例外），對於敍位敍勳大致都比較不關心。政府官員，依年功，有定期的敍勳，加以外務省的工作人員跟外國之間有勳章的「來往」，所以大多不太關心勳章。這似乎是他們對勳章不大感興趣的主要原因之一。

尤其我自己，是對勳章最漠不關心的一個。幾乎完全不關心。老實說，我認爲所給的勳章，並沒有眞正公平地評估了那個人的功績。特別是依某某事件而授與百花齊放式的勳章實在沒有意思。譬如對於反對九一八事變的我，竟也因「功勞」而受了勳四等旭日勳章。當然這是一種「陪勳」。我這次的授勳雖然於心不甘，但又不許推辭。

其次，使我不關心勳章的另外一個理由是軍人的敍勳。可能是由於敍勳規則對他們的特別優厚，因此以一個少校或中校，竟掛著勳三等的高級勳章多的是。祇要在打著鎗，縱令它對日本國策有不良影響，他們的勳等照樣進級。這雖然是爲了鼓舞士氣，但我却以跟這些傢伙一起論功爲恥，可是又無可奈何，所以對於勳章也就覺得無所謂。

惟因我過了三十年的官吏生活，自從七位勳六等，升到從三位勳二等，由第三者來說，確不失爲高位高官，但我却從並不因而覺得光榮。

外務省的官員，由於職務上的關係，有接受外國勳章的許多機會。譬如我自己，就曾經受過兩次外國的高級勳章。這是我由衷感覺非常光榮的事。一次是暹羅政府給我的勳二等白象佩綬勳章（譯註二）。這一方面是因我爲駐暹羅公使之禮貌上的授勳，但還另有其意義。好像各國都是一樣，暹羅對外國公使的禮貌上授勳，仍限於在任兩年以上的公使。對於在任僅僅半年的我而授予這種勳章，可以說是例外的例外：就這，暹羅駐東京公使說，這是暹羅政府對我半年任期中，對暹羅國的厚意予以很高評價的緣故。由此我得知我在任期中所給予的厚意，獲得暹羅政府的反應而覺得光榮和高興。

另外一次是，對於我擔任上海總領事，中國國民政府贈給我的藍玉大勳章。一九二七年，自國民政府在南京成立以來，贈給日本人的中國勳章，根據我所知道，祇有三個人。即有吉明大使、堀內謙介秘書和我。尤其一個地方總領事的授勳，據說是沒有前例的。國民政府對它雖然沒有做特別的說明，但我却把它解釋爲：是對於我努力於「把上海置於平穩狀態」的表揚，而感覺光榮和愉快。

此外，我也受過「滿洲國」百花齊放式的敍勳。惟這跟獲得關東軍的勳章沒有什麼兩樣，所以羞於佩帶。

霞關正統外交的沒落

從軍國主義的惡夢已經醒過來的今日，回顧當年的幣原外交，日本人都會稱讚其所採取的國際協調主義、和平主義以及對華善鄰主義政策；並會說，幣原外交如果能夠繼續下去的話，日本不會沉淪於亡國的命運，而數着死兒的年齡。其實這三個主義，並非幣原的獨創，而是雖然很籠統地，在幣原外交之前，已經是日本的外交政策了。

是卽這三個主義，不是由某個人所創，而且實行它的手段和方法，又因時間和環境而有變化，但歷任的外務大臣，在大體上都繼承了它，並把自己政策擺進去，因此自然而然地變成了霞關（外務省）正統外交的基本方針。經過國際聯盟的成立，以及華盛頓會議的考驗，更加强了這個基本方針。話雖如此，這三個主義的內容還是很散漫，輪廓也不清楚；迨至幣原外交，才加以理論化、詳說和集大成。在這種意義上，幣原外相是這三個主義的祖述者。

至於幣原外交如何集大成這三個主義，則表現於幣原前後兩度外相任期內言言金玉的幾次議會演說。但幣原的偉大實在於他固守了他親自點亮的霞關正統外交之法燈的信念。正因爲他貫徹了他的信念，所以對外他便以條理自主而積極地工作；對內他更不屈服意圖歪曲幣原外交的諸勢力的壓迫。他無動於國內喧囂的責難，更不怕身邊的危險。這是信念的外交，也是勇氣的外交。日本在國際上的信用，由之大爲提高，而呈現外務省正統外交的黃金時代。但好景不常，幣原離開外務省以後，他所遺留下來的正統外交政策雖然仍爲外務省的基本方針，但沒有信念和勇氣的外務省的正統外交，遂一路衰落下去。

學者和政論家愛用理念這個字眼。戰爭時期，他們論新秩序理念和大東亞理念，甚至於連外交都要用理念兩個字。祇要說理念，便會令人覺得它似具有哲學的要素，立論很深奧，而論者的意圖，或許就是要人家具有這種感覺，但我却認爲，冠有理念字眼的外交論，都是曲學阿世的舞文。

至於我自己，則經常用最淺顯的話來說明外交是什麼，和霞關外交的眞諦。

外交有類似哲學的理念嗎？老實說，在國際生活上，沒有比外交更實利主義的。在國際間，其目的是要盡量增多正的一面，減少負的一面，除此而外，無所謂理念。我認爲外交的意義完全在此。問題是怎樣才能增多正的一面，和避開負的一面。外務省的正統外交，以及集大成它的幣原外交，在本質上都離開不了計算利益一步。

基於這種認識，外交跟交易沒什麼兩樣。交易的目的是想賺多一點錢，但交易有商機。這要依市場的動態，顧客的購買力，流行的動向等等客觀情勢，來有彈性地定價錢。由於無法把賣價定得高，因而時或賺不到所預期的錢也是常有的。甚至於把過時的存貨，很廉價地賣出去，以減少損失也是一種做買賣之道，薄利多銷也是經商的一個方法。

外交也是一樣。處理國際問題時，雖然很想儘可能地把它解決得有利於我方，但却不能忽視自己國家的國力，對方國家的情勢，以及國際政治的大局而蠻幹。有時候得滿足於彼此五分五分，或彼七分我三分的解決，更得設法減少我方的損失於最低限度，於是需要妥協。而從事這種討價還價的工作者就是外交機關。

有如做買賣要重商業道德，外交有國際信義。一個商人如果開了空頭支票，或不履行契約，這家店勢將「關門大吉」。一個國家如果無視國際條約，隨心所欲地胡搞謀略，她的國際信譽必將掃地，無異自掘墳墓。是以維護和發揚國際信譽乃是外交的大道，而幣原外交便是名符其實地走了這條大道，從沒脫軌一步。

要之，辦理外交與做買賣，完全同其道理。外務省正統外交的特徵，在於身處國際社會，要好好打算盤，以期獲得正確的答案。它深信：表面上縱令有些令人不耐煩，但誠實而素淡的作法，從結果來說，將給我們帶來更多的好處。但軍部、政黨和右翼，卻祇看眼前的利益，因而對外交强求二加二等於五，或五減三等於三的答案。屈服這種强求的外交，被譽爲强硬外交，始終不屈服它的幣原外交，則被污爲軟弱外交中的軟弱外交。

幣原外交以後的霞關外交，雖然保存了正統外交的理想，但卻完全喪失了自主的性格。這是由於軍人和右翼，以霞關外交太過份消極而搶先並出現於外交的前面所導致。這如果要用做買賣來作譬諭的話，有如不滿主管買賣的外交機關的作法，保鏢的阿哥從裡頭跑出來，對顧客威脅說，若不以這個價錢買的話，要給你（妳）好看。政黨和國民，喝采這種强硬外交。一旦失去的自主性，非常不容易恢復。如此這般，霞關的正統外交滅亡了。國民嘲笑外務省爲皆無省（這兩者的日語發音幾乎是同音——譯者），大事稱快其沒落。國民常常喜歡跟不反省的猛者在一起。

有一陣子，人人曾經大喊大叫所謂國民外交。它的意思是說，除非以國民輿論爲支柱和推動力，不可能有强力的外交。在概念上，這是不錯的。但從外務省看來，實在沒有比我國國民的輿論更危險者。政黨把外交問題當作政爭的工具。言論自由被用暴力扼殺的地方，不可能產生正論。國民大衆對國際情勢盲目，但又驕傲，且以迎合暴論爲能事。這怎麼能夠產生正論？欲一面抵抗這種輿論，並忠於自己深信其爲正確的政策，便需要信念和勇氣的外交。可悲的是，除幣原外交以外，近年的外務省外交，都沒有信念和勇氣。我的說明，歸根到底就是如此。

太平洋戰爭期間，載有德國人的日本商船，在房州（今日的千葉縣——譯者）海面被英國軍艦臨場檢查，而成爲英日間的問題，世人當記憶猶新。對於英國軍艦來講，這不過是她行使了國際法上的權利而已，可是日本的强硬論者們却把它當做天大地大的事，而怒號說，縱令是領海外的臨場檢查，在能夠看到富士山的地方，我們絕不許其行使此種權利，並責備欲合理地解決問題的政府態度爲軟弱外交。在今日，不要說看得見富士山的地方，在皇宮廣場，盟軍可以擧行閱兵，就是這些强硬論的累集的成果。

一九八〇、八、卅一、東京

（譯註一）溫明殿通常稱爲「賢所」，與神殿、皇靈殿爲皇宮三殿，此殿供奉神鏡。

（譯註二）它的原文是片假名，根據泰國駐日大使館館員的說法，應該是這種勳章。

（原載一九八〇年十一月二十九、三十日「中華日報」）

石射豬太郎對中國的理念

橋川文三

對於石射猪太郎著「外交官的一生」，我祇有向出版社慫慂其再版它的因緣，而毫不認爲我是介紹此書的適當人選。一九五〇年，讀賣新聞社發行此書以後，已經經過應該再版它的歲月，但在最近復刊、翻刻的風潮聲中，卻沒有要再版此書的動靜。覺得很可惜的我，遂對出版社推薦再出版此書；不過這本書，並不需要我再說什麼，其本身就是生命旺盛的生動紀錄。

大家都認爲，此書是昭和年代，日本外交官的回憶錄當中，最出色的一本。幣原喜重郎、重光葵、有田八郎、東鄉茂德、宇垣一成、須磨彌吉郎、堀內干城、森島守人、芳澤謙吉、齋藤良衞、野村吉三郎、來栖三郎、佐藤尚武、守島伍郎等，戰前、戰中外交官的回憶錄、日記等等，雖然出版得很多，但無論在文章和內容方面，此書實屬於最上乘。我個人以爲，本書是此類羣書的最高峰。

一般來講，外交官的回憶錄，因爲其職務上的關係，有關事實的紀錄，大致相當可靠。但在另一方面，大概由於所謂外交官的撲克臉性格和精英意識，會影響到日後的回想，所以有不少回憶錄，不個令人憮然，而且使人懷疑他的人品。外交官的回憶錄，往往在不知不覺之中可能滲雜些僞善因素，但此書，卻一點也沒有這種傾向。無需說，這是著者思想和人格的高超所使然。

關於石射的經歷，我們雖然可以由卷末的簡歷和本書內容窺悉，但他之出身東亞同文書院，這一點非常重要。同文書院是一九〇一年，以近衛篤麿爲會長的東亞同文會，在上海設立的文化機構，迨至一九四五年停辦，一共有四十六屆的畢業生。（但四十五、四十六期生在學時就停辦）這個學校的建校精神是，繼承岸田吟香、荒尾精、根津一等人中國問題的先覺的事蹟，「樹立中國富強之基，以鞏固中日輯協之本。俾保全中國，以定東亞久安之策，立宇內永和之計」（興學要旨）。換句話說，爲對抗自義和團事件以來，列強分割中國之形勢的發展，從所謂「保全中國論」的立場，擬以教育中日兩國的學生者。惟由於從這時候起，日本的亞洲政策，逐漸加強其帝國主義的色彩，因此同文書院的出身者，日後或被視爲其鷹犬；但其建校精神，到底是援助中國，促進其改造，以中日友好爲基礎，追求亞洲的和平，是善意的。石射豬太郎的一生，可以說是這個建校精神的最好體現。

石射是一九〇五年八月入學，一九〇八年六月畢業的第五期學生。在這前後，同文書院出身的翻譯官不少，西田畊一（一期）、林出賢次郎（二期）、有野學（五期）、清水董三（十二期）等都是重要的中日交涉場面的名翻譯官；但進政府中央，參與外交樞機的則以石射爲嚆矢。如本書所說，一九一七年，若杉要（三期），一九一八年，堀內干城（八期），一九一九年，山本熊一（八期）相繼進外務省，其中石射、堀內、山本且皆曾任東亞局長或大東亞次官，而爲戰爭期間處理中日外交的中心人物。「東亞同文書院大學史」就石射和堀內這樣寫著：「堀內尊重人的道義性，理解日本與中國各自的立場，並以兩國國民的希望，尤其以互相調和經濟上的要求為中日外交的要諦。這跟……石射豬太郎對中國的思想一樣，是繼承霞山（近衞篤磨—譯者）公爵以來，東亞同文會和同文書院與學的傳統者」；的確，在歸於失敗的中日間戰前外交史，我們祇能在石射身上找到些安慰。特別是從他擔任吉林、上海總領事，以至東亞局長時代對中國的活動，是石射生涯中最緊張的奮鬥場面，而本書最精采的部份，也是這個時期的回憶。

石射要由暹羅公使調任東亞局長之際，「小幡酉吉」傳裡頭，有證實石射聲望的一段插曲。小幡是自一九〇五年，以芝罘領事身份前往中國以來，曾任日本駐北京書記官和參事，爾後歷經外務省政務局長，而為駐華全權公使，在任六年的中國通外交官；從東京大學的學生時代，他便參加日後與東亞同文會合併的東亞會的創立，早就非常關心中國的人物。小幡同時又是個酒仙，以漢詩人龍峯知名且具有特別風格的人士。一九三三年，他退休外交界，為貴族院議員時，一九三七年，曾被邀出任林銑十郎內閣的外務大臣。最後小幡雖然堅辭了，但在考慮要就任外相的時候，他是準備請石射豬太郎作東亞局長的。正如小倉正恆所說，小幡以「軍部的人們沒有學問，所以不懂得世界的大勢。如果打下去，將誤國家的命運，因此，他賭其生命反對軍部的政策」；是即在氣質上，他固然是明治的亞細亞主義者，但與此同時，他卻不遺餘力地抨擊九一八事變以還之軍部的亞洲政策。在這一點，小幡和石射都是跟所謂幣原外交的精神一致的。如果此時，因爲小幡外務大臣和石射東亞局長的搭配，而實現了對華外交的大改革的話（這或許是不可能的），對於爾後中日的關係有所改善也說不定。石射任東亞局長期間的外相有佐藤尚武、廣田弘毅和宇垣一成三人，他對於廣田，尤其感慨萬千。單以石射回憶廣田的部份，就是非常突出的人物觀察。

石射在這個時期的外交理念，在其「我對於今後中日事變對策的看法」表露無遺，這是石射的思想和人品最好的寫照。外交當局者的意見書之類—雖然多得不勝枚舉，但在其立論和文體，它可以說是毫無外務官員氣息的特異傑作。外務省研修所所長三宅喜二曾經稱讚石射說：「在當時的外務省，有這樣眼光遠大，見識卓越，非常勇敢的人，實在值得我們大書特書」（「中日事變的研究」），而最能表現其見識的，不外乎是上述之「我對於今後中日事變對策的看法」。這個意見書是一九三八年七月，石射向宇垣外相提出，經其全面贊成後提出五相會議的；當時的外務省調查部長米澤菊二，日後亦讚揚說：「現在回想起來，它眞是令人讚嘆不已的公正意見」。不滿意廣田態度的石射，遂傾慕宇垣，並協助他努力於打開中日關係的局面，後來惟因所謂興亞院問題，由於宇垣辭職，而壽終正寢。石射也跟著宇垣辭職；十月三十日的石射日記，有這樣的記載：

「有新大臣交接（近衞兼任外相—譯者）的致詞。宇垣大臣的話，多麼富有人情味：近衞簡直是敷衍了事。我特去看宇垣大臣，傾訴我的心境。」

在這前後的日記，石射也有這樣的記述：「準備付諸實行我建議的宇垣上將，很是可惜。兇手是岡（敬純）和影佐（禎昭）」。這裡把當時全力從事於施出汪精衞工作的影佐禎昭當做壞蛋，令人注目，而宇垣的辭職，爲樹立汪政權的方針開了門路。石射從頭到尾，澈底反對這種「謀略」的邪道，主張外交的正道。

辭掉東亞局長以後，歷任荷蘭公使、巴西和緬甸大使時期的紀錄，也很有趣。譬如不爲人們周知的二次大戰末期的南美，尤其是緬甸戰敗實況的描寫等等。又，他以深入淺出的手法，刻畫日本外交界人物的印象（特別是廣田弘毅、松平恆雄、龜井貫一郎、幣原喜重郎等），非常精彩

戰後，石射因爲曾是駐緬甸大使，而被指定爲戰犯，現在我想引用幣原喜重郎爲要求免除其罪而寫「關於石射猪太郎氏的思想與行動」的一段，以爲我的結論。

「一九三一年，我退休官海以後，石射氏在東京時，自不必論，從國外工作回日本時，一定來看我，並跟我表示有關時事問題的意見，對他我也主張我的看法。當時石射氏的意見，始終強調和平主義、國際協調主義和非軍國主義，也很理解我的主張。石射氏在東京和國外執行其職務時，都非常忠於他的主義和思想，我雖然已經退休，但我卻知道這些事實」。（譯註）（譯註）橋川文三，曾任明治大學教授，已故。（原載一九八二年九月號「世界華學季刊」）

附錄　關於藏本失的日期

陳鵬仁

最近，我偶然看到徐志道先生所撰，刊於一九八〇年五月號「中外雜誌」之「藏本事件眞相」的大作，深深感覺到人的記憶力之不可靠。

日本駐南京總領事館書記生（相當於我國的主事）藏本英明失蹤時，徐先生是我國憲兵司令部特務營長，他奉谷正倫司令之命，帶了幹練憲兵三十六人，千辛萬苦，日以繼夜，好不容易把藏本找出來的經過，應該都是事實；但他說旁人寫的，包括一九三四年七月號「東方雜誌」所刊「藏本失蹤與尋獲之經過」的筆者難賓，以及「中國國民黨七十年大事年表」和「中國國民黨八十年大事年表」等所寫的日期都是錯誤的說法就有問題了。

徐先生說別人錯，但事實上錯的不是別人，而是他自己。至於藏本失蹤的日期爲何，是一九三四年六月八日，還是徐先生所說的四月十日？現在僅列舉如下述三項日文文獻以爲證據。第一，石射猪太郎著「外交官的一生」中一九二至一九三頁提到這件事。石射有寫日記的習慣，當時他身爲上海總領事。

第二，大正昭和新聞研究會編，「新聞編成昭和編年史」一九三四年度版，三六五頁；第三則是日本外務省編，「日本外交年表及主要文書」下卷八三頁（不過此書把藏本誤爲駐南京公使舘書記生），都說藏本失蹤於六月八日。由此可見，徐先生說藏本失蹤於四月十日應是錯誤的。

其實，徐先生本身，非常缺乏歷史常識。他說：「民國二十年九月十八日，日軍製造中村失蹤事件（即喧騰中外的『九一八』事件），藉詞採取軍事行動，侵佔我國東北地區」。他把中村失蹤事件當做九一八事件，眞是笑話。中村震太郎事件發生於六月二十七日，距九一八事變的發生尙有兩個多月的時間，這完全是兩件事情，怎麼可以混爲一談？九一八事變的直接原因是柳條湖事件，這是稍具現代史知識的人都知道的事實，爲什麼徐先生不知道？

其次，徐先生說「東方雜誌」是「東方圖書舘出版」的。「東方雜誌」明明是商務印書舘出版的，怎麼會變成「東方圖書舘」出版的？

再次，徐先生一再否認藏本失蹤時，難賓文中所說：「……日艦數艘，又集中南京江面，若有所待（八十年大事年表載的是「……並派遣軍艦來京示威」），並批評說純屬「虛構」。唯前述石射猪太郎的回憶錄中却表示，爲此當時的第三艦隊曾經出動其旗艦「八雲」到南京江面，並由上海，陸軍副武官趕到南京去助勢。（「外交官的一生」，一九二頁）因此，我們根本不能說它是虛構。

第四，徐先生又說：「廿三年六月×日（是不是八日，我想不起來），確也有過日領舘副領事失蹤消息，但那副領事是名『松本』（也許是名『杉本』，已模糊記不清楚），而絕不是『藏本』！」這件事，事實上就是藏本其人！難道徐先生的記憶力，比日本外務省編的「日本外交年表及主要文書」還要正確嗎？從外務省編的這部年表裏，我沒找到載有姓「松本」或「杉本」的日本外交官在中國大陸失蹤的事件。

寫歷史性事件的文章，要根據史料，不能單憑記憶，因爲人的記憶力並非絕對可靠的。（原載一九八一年十一月「中外雜誌」）

附錄　陳公博亡命記

陳鵬仁

現任日本拓殖大學常務理事小川哲雄，於上月間由東京原書房出版「日中終戰史話」一書，以敍述他陪同陳公博等人亡命日本，和應中國政府要求，日本政府把陳公博等送回中國大陸的經過。

日本顧問安排路線

一九四五年八月二十四日晚上，當時隸屬於「支那派遣軍總司令部軍事顧問部」的陸軍主計中尉，汪精衞僞政權的軍事顧問兼經濟顧問助理小川，在日本駐淪陷區大使谷正之官邸，得到副參謀長今井武夫少將的命令如下：

一、領導陳（公博）「主席」一行亡命日本。

二、亡命日本的途徑，先到青島，爾後伺機赴日。

三、一行亡命的所需經費儲備券一億元（合當時日幣大約一千八百萬元），將經由橫濱正金銀行滙去。

四、明天（二十五日）清晨出發。

二十五日凌晨，小川趕往「主席公館」，「主席」陳公博、陳太太、「經理總監」何炳賢、「行政院秘書長」周隆庠、「實業部長」陳君慧、「安徽省長」林柏生、「秘書」莫國康七人與小川，由總司令部參謀小笠原「歡送」，分乘兩部車子，從頤和路的「公館」出發，一路上彎了幾條街，到達故宮機場。

他們乘的是MC機，機內前面左邊祇有一個座位，給陳公博坐，其餘的人都坐在用油地氈鋪的鐵板上面，飛機往北越過長江，小川下令往東海飛去，隨後即問陳公博，是否就直飛日本，降落鳥取縣的米子。陳說：「全交給你，你給看着辦罷。」飛機勉強降落在亂七八糟、全是沙灘的跑道——米子機場。

機場沒有任何人影，小川把他們留下來，隻身往東北方的松林走去，走出松林後，遇到一輛老爺卡車；小川請司機開到市政府，待司機同意了，小川才回去把他們帶上卡車，讓陳公博夫婦坐在司機旁邊，其餘站在車臺上。

在路上，小川借一家雜貨店電話打給米子市長齋藤干城，齋藤是得悉陳公博一行亡命日本的第一個人。他說：「歡迎你們來。」當他們到市長室後，齋藤更說：「遠路辛苦。這裏已經是日本了，請坐請坐，請放心，我們一定盡全力來效勞。」齋藤曾任日本陸軍第五師團軍醫部長和關東軍軍醫部長，因此他表示很親切。

市政府的女職員端來了三大盤白米飯團和黃蘿蔔給他們做午餐，用手拿著吃。（以當時的情況來講，這是很不容易的了）

市長派兵役課長倉敷恒和課員東中勳來照顧他們，祇派了一輛消防車給他們用；小川覺得很狼狽，陳公博也啼笑皆非，陳夫婦只好坐在司機助手位子，隨行人員只有名副其實地掛在消防車的左右前後，車子開到戰時的海軍軍官俱樂部水交社，分配房間後，林柏生才伸着腰喊說：「啊終於到日本了。」

晚飯的菜大多是魚，但他們不敢吃生魚，祇吃些炸的和煮的東西。當天晚上，小川和周隆庠、東中商量第二天的事。談到費用，小川從口袋裏掏出一百萬元的汪僞政權儲備券；東中說，在日本這不能用，這一百萬元等於一堆廢紙。

在上海東亞同文書院畢業，並曾在「每日新聞外報部支那課」工作過的織田收，受米子市長之託向銀行借了兩萬元日幣，給陳公博一行作生活費用。

改裝日人避過耳目

由於穿西裝的男人和着中國服的女性乘消防車走過米子市內大馬路，因此已經有不少人知道中國人來到此地。八月二十六日，小川和倉敷不得不找別處去藏身，最後在鳥取和米子兩市之間，南背湖、北向日本海的淺津溫泉的望湖樓落腳。

倉敷好不容易找到一部老朽的木炭巴士，問題是他們的服裝，讓人一看就曉得他們不是日本人，他主張他們必須改扮成日本男女模樣，卽女的穿裙褲，男的穿日軍士兵的軍服；當巴士抵達望湖樓，老板中島夫婦出來迎接，簡直不敢相信他們是汪僞政權的「要人」。

八月二十七日，小川前往鳥取縣政府與特高課長和內務部長（卽民政部長）會面，請求給予照顧。但他們態度却非常冷淡，縣政府官員之所以這樣冷淡，一是因爲這不是他們分內的工作，其次還是怕給盟軍知道，從而受到連累。因此，小川祇好到東京設法。

小川前往東京之前，告訴了陳公博，陳說：他也要正式向日本政府致意。於是拿起毛筆，給當時的首相東久邇宮、陸軍大臣下村宏和外務大臣重光葵寫了信。根據小川的說法，書信內容大致如下：「爲使戰後處理順利，我一時離開南京，來打擾貴國，請多多關照。但絕不會爲貴政府添加麻煩，萬一發生此種情況，請勿客氣告訴我。謹此致敬意。」

八月二十九日，小川在沒有立錐之地的火車裏，站了三十多個小時纔到達東京。他看不到戰前東京的任何影子；小川在新橋車站睡了一晚，便趕往陸軍省。他到大臣副官室塡寫自己姓名和官階，求見陸軍大臣。副官以藐視人的眼神交互看他和陳公博的信，而往裏邊走去。一會兒出來的大胖副官說：「大臣和次官正在開重要會議，不能見面。親筆信我負責轉呈。」副官又自言自語說：「因爲麥克阿瑟飛抵厚木機場……。」

把三封親筆函交給副官以後，小川到了陸軍省幾個單位，但也沒人理他；他垂頭喪氣地離開博於二十六日企圖自殺，情況嚴重，於二十九日不治死亡。但於八月二十九日，當時的外交部情報司長邵毓麟，已經向谷正之提出引渡日本幫助其亡命到日本之陳公博的要求。

九月三日，重慶中央社消息說：「陳公博自殺爲虛報，實亡命日本」。其所報導內容，與所有事實大致相符。九月八日，何應欽總司令向支那派遣軍總司令官岡村寧次提出備忘錄，正式要求岡村負責轉達日本政府，速將中華民國的叛國罪犯陳公博等（裏頭有岑德廣，沒有陳公博太太）逮捕，並押送到南京陸軍總司令部。

九月二十五日，外務省管理局第二部長大野勝巳（外相已經換了吉田茂），以東山工作負責人身份，前往金閣寺，代表日本政府，正式對陳公博轉達日本政府的意向。其內容是：⑴詳細說明與重慶當局折衝的經過，包括何應欽備忘錄；⑵強調日本政府並非不顧信義；⑶不說日本政府的正式意見，設法套出陳公博的意向，以便處置。

大野帶了一個姓中村的翻譯官。周隆庠陪陳公博在書院等着。大野坐下後低着頭，一言不發，於是周隆庠說：「這麼熱，辛苦了，京都的夏天眞是……。」這時大野纔抬起頭說：「讓您們很不自由……。」爾後便說不出話來。至此，陳公博開口了：「大野先生你想說什麼，我已經大概都知道。沒有什麼擔心的事，你放心吧。」

大野把來意告訴了陳公博，但沒說出日本政府的希望。陳公博望著天花板，然後瞪着大野斷然說：「我要回去，回去中國。」陳公博要求大野代其給何應欽總司令打電報，請中華民國派專陸軍省，走完了陸軍省的下坡路，他忽然想起，應該到外務省去看看。

小川走進外務省的一個單位，向最靠近門口的一個職員說明來意。這個職員立刻替他打了幾個電話，並請他稍等一下，然後出去。不久，滿頭大汗的回來。他對小川說：「田尻（愛義）次官要見你。」即把小川帶到田尻次官的辦公室。

東山工作方案人物

田尻請小川坐下，並說：「太辛苦了。」同時道：「要請你到京都去。」原來外務省已經在着手辦理「東山工作」了。所謂「東山工作」，根據「昭和史的天皇」之作者松崎昭一所發現的資料，內容如下：

有關東山商店一行之案件（昭和二〇・八・二九　管二）

陳前國民政府代理主席一行居留日本期間的處置：

一、以東山商店一行爲其假名，一行的化名如次：陳公博—東山公一，陳夫人—東山文子，莫國康—青山貞子，林柏生—林博，陳君慧—西村君雄，周隆庠—中山周，何炳賢—河田賢三。

二、本案的實施，由外務省擔任（令外務囑託，前國民政府顧問岡部長二在現地關照，並另派臨時官員）。

三、特派遣外務省官員到米子，將一行移往京都，並令其暫時居住該地。但依情況變遷，可能

吉林總領事時代

九一八事變的前奏曲——中村上尉事件

依我解釋，滿洲的不安，是以炸死張作霖，由日本所導致的。張作霖晚年後愈老獪，不聽日本人的話，但他的生命線實在依靠日本。當然他很清楚這個事實。因欲揷足中原的野心而進出京津，如一敗塗地，祇要逃囘日本所賴以爲其生命線的滿洲，不必請求，日本便會保障其最低限度的不可侵的地位。反此，對日本來講，其在東北的特殊權益，有了張作霖纔得維持，甚至於對他可以做些過份的要求。是以東北的特殊地區性，唯有由日本和他互相幫助纔能相輔相成。換句話說，日本的生命線和張作霖的生命線，在大體上是一致的。可是，日本軍部竟把張作霖這個偶像炸掉了。東北的災禍，乃由此而開始。

所以，張作霖的兒子張學良，把日本當作他不共戴天的仇人是應該的。此時，國民政府的勢力延伸到東北來了。於是，張學良遂把乃父時代依靠日本更改爲依靠國民政府。國民黨遂在東北各地設立支部，揷青天白日國旗，排日氣氛，由之日益濃厚。他們大叫消滅東北特殊權益，收回何炳賢、小川和外務省官員都住在京都飯店。別邸的事，則由不破貞子照顧，飯菜悉由京都飯店送去。

九月二日，在東京灣密蘇里軍艦上，日本政府正式向盟軍投降。陳公博一行非得另找隱匿處不可。經三好京都府知事與臨濟宗天龍寺派大本山天龍寺的關精拙老師商量，找到由村上慈海師主持的金閣寺。但金閣寺頂多祇能住四、五個人。因此另外找得對文莊。

九月八日，陳公博夫婦、周隆庠和莫國康住進金閣寺，林柏生、陳君慧、何炳賢和小川搬進對文莊。金閣寺是臨濟宗相國寺派的特別本山，正式名稱為鹿苑寺，於一三九七年，由足利義滿所創建。陳公博住最裏頭的常足亭，其餘三個人在書院起居。外務省官員則住在俵屋旅舘。

安原斯艾（斯艾是片假名的音譯）任陳公博夫婦的日語老師，不破貞子和大原美代子照料其身邊的一切。陳公博每天的活動是讀書、散步、學日語和打麻雀。每天早晨，周隆庠（九州大學出身）翻譯報紙的要點給陳公博聽，陳感覺興趣的，則全部譯出來。中文書祇有織田收送給他的那三本。黃昏時刻出去散步，晚上打牌，這是他們唯一的娛樂。九月十二日（或十三日），陳公博曾經欲以手槍自殺未遂。

放出舉槍自殺新聞

在這以前，亦即八月三十日「朝日新聞」，報導北京二十九日同盟通信社的消息，據說陳公機接他回去，以便自首。

對於這個電報，九月二十九日支那派遣軍總參謀長來了極機密回電（總參三電第二九四號），它說：

一、關於陳公博之回國自首，今井副參謀長和石黑（四郎）書記官已將陳公博的電報和外相的希望轉達何總司令部。

二、回國時將派中國飛機，中國方面三人，日方五人前往迎接。

三、陳公博夫人及莫國康女士等必須全部回國。

總參謀長又來一電（總參一電第四九一號）說：

關於陳公博的回國，中國當局催之甚急。爲此擬於三十日派遣專機赴日，請考慮左列事項，進行準備，急回電。左記

一、派遣飛機：中國空軍飛機（C—四七）。

二、往接人員：顧問部淺井上校、總軍楫山中校、大使館石黑書記官外兩名。

三、三十日先飛抵福岡（雁之巢）（一語不清楚）。

四、飛行許可手續悉由中國負責。

十月一日晚上，陳公博一行離開金閣寺，往九州出發。當天下午，近衛託辭乃母去世四十九日，前來京都與陳公博會面，由周隆庠任翻譯。

回國受審被處死刑

十月三日下午三時許，陳公博一行所乘的空軍專機，飛抵南京的大校機場。陳公博首先被關於老虎橋監獄，後來移到蘇州獅子口監獄。

一九四六年四月五日，江蘇高等法院開始審判漢奸南京僞國民政府主席陳公博，四月十二日，判處陳死刑，六月三日上午八時槍決。林柏生也判死刑，周隆庠無期徒刑，陳君慧十四年有期徒刑，何炳賢八年有期徒刑，莫國康十二年有期徒刑。

陳公博太太李勵莊，因爲陳公博的要求，臨走時交給小川，要她將來照顧陳公博母親和兒子，但後來陳太太還是希望回國，而於十一月二十七日，由博多乘明優丸回國，小川陪她去。船從吳淞砲臺左邊，溯黃浦江而上，沒多久就停了。一隻小汽艇前來靠近明優丸。小川以爲是海關的汽艇，爲準備上岸，陳太太回到她的房間，小川留在甲板上。小川正在望著岸邊的風景時，陳太太被五、六個中國兵帶走，乘剛才那條汽艇而去。

日皇胞弟反省自肅

小川的這本書，還有一件事特別值得一提。日皇的胞弟三笠宮於抗戰時期，在大陸當上尉參謀，用的是若杉姓。

記得這個若杉參謀，曾於一九四三年春天，對總司令部的尉級軍官下命令，在三十字以內說明中日事變至今未能獲得解決的根本原因。

數日後，幾百名尉級軍官集於總司令部大禮堂，若杉參謀站在講臺上，背向黑板，左右兩邊由總司令官、參謀長、將官、校官陪着坐；若杉參謀對每個人的解答一一講評，並認爲祇有一個人答得滿意。

這個人是澤井中尉，他的答案爲：「中日事變未能解決的根本原因，在於日本人不能徹底作爲道地的日本人。」若杉參謀令澤井讀其答案，爾後大聲怒說：

「對！事變未能解決之根本原因，在於日本人未有眞正的日本行動。搶奪、強姦，什麼是皇軍？欺侮中國老百姓，還敢叫做聖戰？日本軍人在大陸的這種作法，對得起陛下嗎？」

總司令官以下，將官校官都低著頭，滿堂一片肅靜。若杉參謀繼續說：

「我日本軍最需要的不是武器彈藥，也不是訓練，而是這個。」他向後轉，在黑板上寫「反省、自肅」四大字。「「自反、自愼，自問自己的一擧一動是否合乎聖旨？」他的一言一句，抨擊日軍的驕傲，和在大陸日本人的墮落。說畢，在全體人員起立中，若杉參謀憮然而去。

一九八五、六、三十　於東京

（原載一九八五年十月「時代文摘」）

陳鵬仁先生的著書及譯書

書名	出版書店	出版年份
三民主義概說（日文）	東京中華民國駐日本大使館	一九六五年
富士山頭雜感集	臺北帕米爾書店	一九六六年
小泉信三評論集	臺北幼獅文化事業公司	一九六九年
決定日本的一百年	臺北學術出版社	一九七〇年
扶桑論集（日文）	東京日本教圖株式會社	一九七〇年
千金流浪記	香港旅行雜誌社	一九七二年
現代政治學	臺北鑽石出版社	一九七二年
紐約・東京・台北	臺北鑽石出版社	一九七二年
亞當斯密與經濟學（二版）	臺灣商務印書館	一九七二年
孫中山先生與日本友人（二版）	臺北大林出版社	一九七三年
戰後日本思想界的逆流	臺北正中書局	一九七四年
英國的國會（二版）	臺北幼獅文化事業公司	一九七四年
我對馬克斯主義的批評	臺北國防部總政戰部	一九七四年
中國的悲劇（日文）	東京世界情勢研究會	一九七六年
戰後日本的思想與政治	臺北幼獅文化事業公司	一九七六年

宮崎滔天論孫中山與黃興（三版）	臺北正中書局	一九七七年
紐約・東京・臺北（上、下）（二版）	臺北正中書局	一九七七年
美國總統選擧與政治（二版）	臺北水牛出版社	一九七七年
世界近代史（三版）	臺北大林出版社	一九七七年
宮崎滔天與中國革命	高雄三信出版社	一九七七年
戰後日本的政黨與政治	高雄大舞臺書苑出版社	一九七八年
論中國革命與先烈（二版）	臺北黎明文化事業公司	一九七九年
日本華僑問題分析	臺北天馬出版社	一九七九年
千金流浪記（增訂版）	臺北大林出版社	一九七九年
三民主義とは何か（三版）	東京自由新聞社	一九八〇年
私のアメリカと日本	東京世界情勢研究會	一九八一年
鐵蹄底下的亡魂	臺北黎明文化事業公司	一九八一年
宮崎滔天書信與年譜	臺灣商務印書館	一九八二年
我殺死了張作霖	聚珍書屋出版社	一九八二年
日本的作家與作品（上）	黎明文化事業公司	一九八三年
日本侵華內幕	黎明文化事業公司	一九八六年

近代日本外交與中國　水牛出版社　一九八六年
近百年來中日關係（中日文對照）（二版）　水牛出版社　一九八七年
私のアメリカと日本　水牛出版社　一九八七年
張作霖與日本　水牛出版社　一九八七年
中國之悲劇（中日文對照）　黎明文化事業公司　一九八七年
芥川獎與芥川龍之介　黎明文化事業公司　一九八七年
日本的作家與作品（下）　水牛出版社　一九八七年
石射猪太郎回憶錄　水牛出版社　一九八七年
日人筆下的九一八事變　海華雜誌社　排印中
冷眼看中國大陸　水牛出版社　排印中
田中義一內閣的對華政策　水牛出版社　一九八七年
日本的作家與作品（中日文對照）

國家圖書館出版品預行編目資料

近代中日關係研究. 第三輯：石射豬太郎回憶錄 / 石射豬太郎著 / 陳鵬仁譯. -- 初版. --
臺北市: 蘭臺出版社, 2024.11
冊；公分 --(近代中日關係研究第三輯：7)
ISBN 978-626-98677-0-7(全套：精裝)
1.CST: 中日關係 2.CST: 外交史
643.1 113006866

近代中日關係研究第三輯7

石射豬太郎回憶錄

作　　者：石射豬太郎
編　　譯：陳鵬仁
主　　編：張加君
編　　輯：沈彥伶
美　　編：陳勁宏
校　　對：楊容容、古佳雯
封面設計：陳勁宏
出　　版：蘭臺出版社
地　　址：臺北市中正區重慶南路1段121號8樓之14
電　　話：(02) 2331-1675 或 (02) 2331-1691
傳　　真：(02) 2382-6225
E - MAIL ：books5w@gmail.com或books5w@yahoo.com.tw
網路書店：http://5w.com.tw/
https://www.pcstore.com.tw/yesbooks/
https://shopee.tw/books5w
博客來網路書店、博客思網路書店
三民書局、金石堂書店
經　　銷：聯合發行股份有限公司
電　　話：(02) 2917-8022　傳真：(02) 2915-7212
劃撥戶名：蘭臺出版社　帳號：18995335
香港代理：香港聯合零售有限公司
電　　話：(852) 2150-2100　傳真：(852) 2356-0735
出版日期：2024年11月 初版
定　　價：新臺幣12000元整（精裝，套書不零售）
ISBN：978-626-98677-0-7

版權所有・翻印必究

近代中日關係史

一套10冊，陳鵬仁編譯　定價：12000元（精裝全套不分售）

精選二十世紀以來最重要的史料、研究叢書，從日本的觀點出發，探索這段動盪的歷史。是現今學界研究近代中日關係史不可或缺的一套經典。

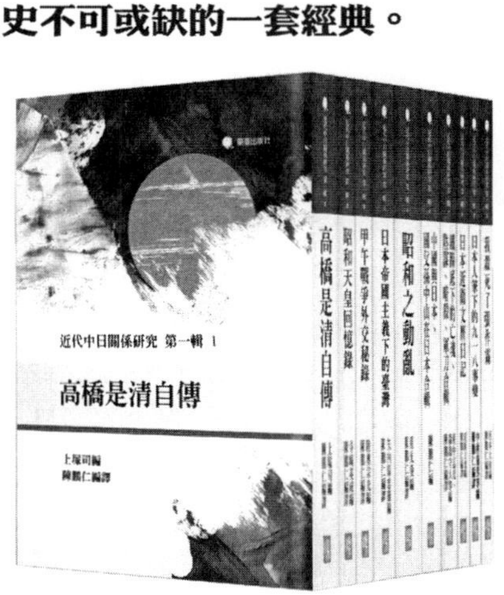

第一輯

ISBN：978-986-99507-3-2

第二輯

ISBN：978-626-95091-9-5

《臺灣史研究名家論集》

這套叢書是二十九位兩岸台灣史的權威歷史名家的著述精華，精采可期，將是臺灣史研究的一座豐功碑及里程碑，可以藏諸名山，垂範後世，開啓門徑，臺灣史的未來新方向即孕育在這套叢書中。展視書稿，披卷流連，略綴數語以說明叢刊的成書經過，及對臺灣史的一些想法，期待與焦慮。

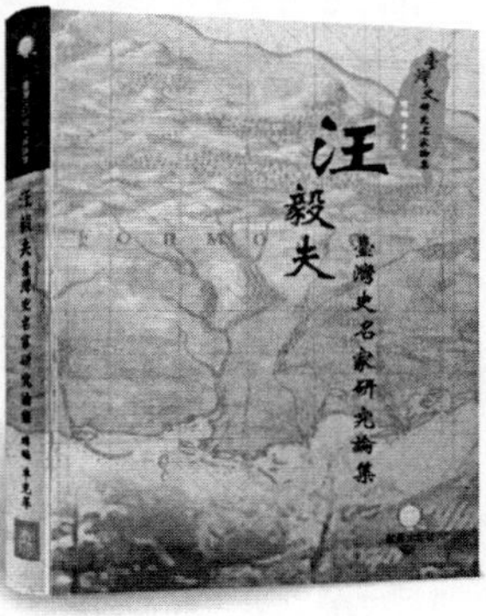

一編 ISBN：978-986-5633-47-9

9 789865 633479 28000

臺灣史研究名家論集（套書） 定價：28000

王志宇、汪毅夫、卓克華、周宗賢、林仁川、林國平、韋煙灶、徐亞湘、陳支平、陳哲三、陳進傳、鄭喜夫、鄧孔昭、戴文鋒

二編 ISBN：978-986-5633-70-7

9 789865 633707 30000

臺灣史名家研究論集二編 （精裝） NT$：30000

尹章義、李乾朗、吳學明、周翔鶴、林文龍、邱榮裕、徐曉望、康　豹、陳小沖、陳孔立、黃卓權、黃美英、楊彥杰、蔡相輝、王見川

三編 ISBN:978-986-0643-04-6

尹章義、林滿紅、林翠鳳、武之璋、孟祥瀚、洪健榮、張崑振、張勝彥、戚嘉林、許世融、連心豪、葉乃齊、趙祐志、賴志彰、闞正宗

9 789860 643046 28000

臺灣史研究名家論集三編（精裝）：28000元